경제 교과서, 세상에 딴지 걸다

경제 교과서, 세상에 딴지 걸다

이완배 글 | 풀무지 그림

푸른숲주니어

CONTENTS

1

머리는 차갑게,
가슴은 뜨겁게

지금 경제를 배우는 이유

- 나도 영화관 통째로 빌리고 싶다고!
- 롯데월드로 갈까, 에버랜드로 갈까?
- 24시간 지난 도넛 버리지 마세요!

경제학을 처음 만나다
!

후어~

이걸 어떻게 관리해야
잘했다고 소문이 날까?

경제학을 먼저
공부하시죠.
!
척
경제학

여기에 이런
말이 나옵니다.
경제학

머리는 차갑게
가슴은 뜨겁게~
타… …아!

뭔지 모르겠지만
폼은 좀 나네.
그래서
말인데요.
헤에~
경제학
슬슬슬

하루만 빌려 주시면
두 배로 돌려 드리죠.
POWER
LOTTO!!
6 45
높은 확률!!
제가 요새
감이 끝내주거든요.

차가운 머리로
생각해 보세요.
훗…
대박!
로……또?

에라이~
꺄오…
가슴이 마구
뜨거워진다야!!

나도 영화관 통째로 빌리고 싶다고!

얼마 전에 종영한 TV 드라마 〈시크릿 가든〉의 주인공 김주원(현빈 분). 오페라 공연장을 찾은 그는 옆으로 한 좌석 건너 앉은 여성이 자신의 옆자리에 가방을 내려놓자 "실례지만 여기 티켓 값이 얼만지 아십니까?"라고 물어봅니다. 그 여성이 의아한 표정으로 "25만 원 냈는데요."라고 답하자, 김주원은 "그러면 이분(가방)도 25만 원 내고 여기 앉으신 겁니까?"라고 쏘아붙이죠.

알고 보니 양쪽 팔걸이를 편하게 쓰고 싶었던 김주원이 자신을 중심으로 좌우 두 좌석을 모두 사 버린 겁니다.

다음 날, 공연이 어땠느냐는 비서의 질문에 김주원은 이렇게 대답합니다.

"그 옆자리 아줌마 때문에 집중을 못 했으니 좌석 다시 예매해. 아니, 이번에는 아예 한 줄 다 예매해 버려. 아, 내가 왜 그 생각을 미처 못 했지? 그냥 한 줄 다 예매해 버리면 신경 쓸 일도 없었을 텐데."

상식적으로는 김주원의 행동을 이해할 수 없습니다. 대부분은 이런 사람을 보고 '이상한 놈'이라고 부릅니다. 이 정도면 아주 예술적으로 이상한 놈이니까 폼은 확실히 납니다.

그런데 드라마를 본 사람들은 김주원을 단순하게 이상한 놈이라고만 생각하지 않습니다. 오히려 대부분의 사람들은 이 장면을 보고 '아, 저 남자 멋지다.'라고 생각합니다. 그리고 차마 입 밖으로 뱉지는 않지만, 속에는 이 한마디를 감추고 있습니다.

'나도 저런 사람처럼 되고 싶다……'

사람들은 모두 부자가 되기를 원합니다. 부자가 되어 돈을 원 없이 쓰는 꿈을 한 번쯤 꾸지요. 그러나 현실은 엄연히 다릅니다. 한 달 용돈은 고작 4만 원. 노스페이스 패딩 점퍼 하나를 사려고 해도 부모님과 사투 아닌 사투를 벌여야 하니까요. 김주원 정도로 부자였다면 운동복마저도 이탈리아 장인이 한 땀 한 땀 정성 들여 짠, 값비싼 것을 입을 수 있을 텐데 말이죠.

비단 여러분만이 이런 일을 겪는 것은 아닙니다. 어른들은 다를까요? 천만에요! 어른들은 더 웃깁니다. 맞을 확률이 거의 없는 로또 복권을 한 장 사 놓고 환상에 빠져듭니다.

'이 복권 한 장만 당첨되면 뭐도 하고, 뭐도 하고, 뭐도 할 텐데.'

그렇게 하고 싶은 것을 쭉 늘어놓다 보면 의외로 20억 원이란 당첨금이 모자라게 됩니다.

'아, 20억 원이 좀 애매하네. 차라리 이번 주 당첨자가 안 나와서 상금이 다음 주로 이월되는 게 낫겠다. 상금이 40억 원으로 불었을 때 딱 당첨이 되는 거지.'

그리고 다시 40억 원으로 뭘 할지 열심히 상상을 합니다. (이런 걸 보고 흔히들 '놀고 있네.'라고 하지요.)

이처럼 돈은 여러분뿐만 아니라 어른들의 마음까지 지배할 만큼 큰 힘을 갖고 있습니다. 자본주의 사회에서 돈이 많은 사람이 되고 싶은 욕망, 부자가 되고 싶은 욕망은 거의 본능이나 마찬가지이지요.

경제학을 전공한 사람에게 주변 사람들이 자주 하는 질문이 있습니다.

"너는 경제학을 전공했으니 돈 버는 법을 잘 알겠다."

"나도 경제학 좀 공부하면 돈을 더 벌 수 있나?"

이런 사람들은 대부분 경제라는 학문이 돈을 버는 데 쓸모 있는 줄 알고 있습니다. 대학 입학 원서를 쓰는 학생들 중에도 경제학을 공부하면 돈을 많이 버는 줄 알고 있는 경우가 많습니다. 하지만 그 환상이 깨지는 데는 3개월도 채 걸리지 않습니다. 경제학 교재 어디에도 돈을 잘 버는 방법은 나와 있지 않으니까요. 경제학은 돈을 많이 버는 데 쓰이는 학문이 아니기 때문입니다.

:: 자본주의와 사회주의

사회주의를 대표하는 나라는 소련(지금의 러시아를 중심으로 한 동유럽 국가들의 연합)이고, 자본주의를 대표하는 나라는 미국입니다. 30년 전만 해도 사회주의 국가는 세계의 절반을 차지할 정도로 막강한 세력이었지요. 하지만 1990년대에 소련이 해체되면서 지금은 거의 사라졌습니다. 사회주의와 자본주의를 구분하는 것은 어려운 일이지만, 여기서는 몇 가지 쉬운 예를 들어 보겠습니다.

우선 사회주의는 개인의 재산 소유를 원칙적으로 인정하지 않습니다. 반면에 자본주의는 당연하게 생각하지요. 이 차이는 생각보다 큽니다. 사회주의에서는 개인의 재산을 인정하지 않기 때문에 '부자'가 나올 수 없거든요.

둘째로, 사회주의에서는 물건을 얼마나 만들 것이냐, 가격을 얼마로 할 것이냐를 정부가 결정합니다. 반면에 자본주의에서는 필요에 따라서 자유롭게 변하지요.

비누를 예로 들어 볼까요? 사회주의 국가에서는 '올해 우리나라에 필요한 비누는 300만 개, 가격은 50원이다.'라고 미리 정해 버립니다. 반면에 자본주의 사회에서는 아무도 이런 것을 공식적으로 결정하지 않습니다. (나중에 다시 설명하겠지만, 자본주의에서는 '시장'에서 이런 것들이 자연스럽게 결정됩니다.)

그해 날씨가 유난히 더워서 사람들이 샤워를 많이 하게 되고, 그래서 비누가 더 필요하다면 어떻게 될까요? 사회주의 국가에서는 비누를 더 생산할 수 없으니 꼬질꼬질 냄새를 풍기며 살든가 물로만 샤워를 하면서 지내야 합니다.

이론적으로 사회주의 국가는 아주 행복한 나라입니다. 부유한 사람도 가난한 사람도 없이 모두가 평등한 데다, 의료·교육 등을 국가가 해결해 주니까요.

그런데 과연 실제로도 그랬을까요? 그랬을 리가 없지요. 그토록 행복했다면 그 많던 사회주의 국가들이 이렇게 사라지지는 않았을 테니까요. 지금까지 남아 있는 사회주의 국가는 중국, 쿠바, 북한 등 몇 나라뿐입니다.

그러면 당연히 '그걸 왜 배우는데?'라는 질문이 나올 겁니다. 이 질문에 대답하기 위해서는 경제학이 어떤 학문인지 먼저 알아야 합니다.

경제학 교과서에서는 경제학을 '인간이 욕구를 만족시키기 위해 자원을 사용하는 모든 과정을 연구 대상으로 삼는 학문'이라고 조금 어렵게 이야기합니다.

이게 무슨 말이냐고요? 쉬운 말로 설명해 보겠습니다.

사람들은 하고 싶은 것이 참 많습니다. 이런 것을 '욕구'라고 부릅니다. 거창하게 생각할 필요 없습니다. 배가 고파서 음식이 먹고 싶다면, 그것이 바로 욕구니까요.

사람들은 욕구를 채우기 위해 여러 가지 행동을 합니다. 배가 고프면 자장면을 시켜 먹고, 목이 마르면 물이나 음료를 사서 마시지요. 바로 이런

행동들이 경제학의 연구 대상입니다. '아니, 배고파서 자장면 한 그릇 시켜 먹겠다는데 웬 경제학씩이나 들먹거려야 돼?'라는 생각이 들죠?

여기, 배가 고프다고 자장면을 세 그릇이나 시켜 먹은 친구가 있습니다. 한 시간 후, 그 친구는 어떻게 됐을까요? 금방이라도 터질 것 같은 배를 부여잡고 화장실로 달려갔겠죠. 이 친구의 문제는 무엇이었을까요? 위가 작아서 자장면 세 그릇을 다 소화시키지 못한 것? 아닙니다. 자장면 세 그릇 시킬 돈으로 좀 더 맛있게 식사할 수 있는 방법을 찾아보지 않았다는 것이지요.

자장면을 한 그릇만 시켜 먹고, 후식으로 우아하게 아이스크림을 먹은 다음, 나머지 돈은 나중을 대비해 저축했다면 어땠을까요?

경제학은 이처럼 사람이 욕구를 해소하기 위해 얼마나 효율적으로 행동할 수 있는가를 따지는 학문입니다.

롯데월드로 갈까, 에버랜드로 갈까?

좀 멋있는 말로 시작해 보겠습니다. 경제학자 알프레드 마셜은 1885년 영국 케임브리지 대학 경제학부 교수 취임 연설에서 제자들에게 "차가운 머리와 따뜻한 가슴을 가져라."라고 말했습니다. 이후 '차가운 머리와 따뜻한 가슴'이라는 말은 의사들의 히포크라테스 선서처럼, 경제학을 공부하는 사람들의 마음에 가장 중요한 목표이자 의무로 자리 잡았습니다. 그래서 이

말은 '경제학의 기사도 정신'이라고 불린답니다.

왜 경제학을 배우는 데 차가운 머리와 뜨거운 가슴이 필요할까요?

여기서 차가운 머리란 '효율적인 판단을 하기 위한 냉정한 두뇌'를 뜻합니다. 효율적으로 생각하기 위해서는 기분 내키는 대로 행동해서는 안 됩니다. 어떤 상황에서도 냉정을 잃지 않고 이익을 최대한으로 늘리기 위해 차분히 판단해야 하니까요.

살다 보면 별의별 선택을 다 하게 됩니다. 에버랜드를 갈까 롯데월드를 갈까, 프로 야구를 볼까 시험공부를 할까, 엄마한테 대들까 말을 잘 들을까, 버스를 탈까 택시를 탈까 등등.

경제학의 기본이 바로 이런 상황에서 '합리적인 선택'을 하는 것입니다. '합리적인 선택'이라는 말은 앞으로 이 책에서도 435만 번쯤 듣게 될 것입니다. (일일이 세어 보는 건 아니겠죠? 그건 합리적인 선택이 아니라고요!)

왜 합리적인 선택을 해야 할까요? 우리가 영화관에 가서 어떤 자리에 앉을지 고민하는 이유는 〈시크릿 가든〉의 김주원이 아니기 때문입니다. 다시 말하면, 영화 한 편 보려고 영화관 전체를 빌릴 정도로 돈이 많지 않다는 것이지요.

경제학에서는 이런 상황을 **자원의 희소성**이라고 표현합니다. 내가 쓸 수 있는 자원은 무한정 주어지지 않습니다. 주어진 한도 안에서 가장 큰 만족을 얻기 위해 최대한 합리적이고 효율적으로 행동해야 합니다. 내가 살 수 있는 영화표가 단 한 장이라면, 그 한 좌석을 어디로 정해야 내가 가장 기분 좋게 영화를 볼 수 있을지를 고민하라는 것이 바로 경제학의 가르침입니다.

하나 더 예를 들어 볼까요? 우리는 놀이공원에 놀러 갈 일이 있으면 에버랜드를 갈까, 롯데월드를 갈까 고민을 하게 됩니다. (전국에서 가장 큰 놀이공원이니까요.) 사실 둘 다 갈 수 있는 시간과 돈만 있다면 간단하게 해결되는 문제입니다. 하지만 현실적으로 우리에게는 돈도 부족하고 시간도 없습니다. 돈과 시간은 다 '자원'에 해당합니다. 돈과 시간이라는 자원이 부족하기 때문에 우리는 한 곳을 선택해야 하는 것이지요.

경제학은 선택에 필요한 기준을 알려 줍니다. 물론 기준은 사람마다 다르고 상황마다 다릅니다. 그래서 경제학에서도 기준을 한 가지로만 정의하지 않습니다. 사실 이것이 바로 경제학이 어려운 이유이지요. 하지만 '가장 적은 비용으로 가장 큰 만족을 얻는다.'는 경제학의 기본 원리만 명심하면 자신만의 기준을 충분히 만들 수 있습니다.

단지 집에서 가깝다는 이유로 에버랜드보다는 롯데월드를 더 좋아하는 사람이 있습니다. 방학을 맞아 이 주일 연속으로 롯데월드에 갔습니다. 당연히 롯데월드가 지겨워지겠죠. 그런데도 계속 롯데월드만 간다면, 경제적으로 아주 잘못된 선택입니다. 롯데월드에 자주 가게 되면서 '롯데월드는 지겹다.'라는 새로운 문제가 생겨나기 때문입니다.

이게 바로 **한계 효용 체감의 법칙**입니다. 대단히 어려운 말처럼 들리죠? 알고 보면 쉽습니다. 한계 효용 체감의 법칙이란, '좋아하는 일도 자꾸 반복하면 지겨워진다.'는 뜻입니다.

여기서 '한계'는 우리가 평소에 즐겨 쓰는 단어와는 뜻이 많이 다릅니다. "너의 한계를 뛰어넘어 봐. 조금만 더 노력하면 성적이 쑥 오를 텐데."라는 담임선생님의 애정 어린 격려 속의 '한계'와는 뚜렷한 차이가 있죠.

경제학에서의 '한계'는 '단위가 하나씩 늘어난다'는 뜻입니다. 그러니까 '한계 효용'이라는 말은 '소비 활동에서 단위를 하나씩 늘려 갈 때에 느끼는 만족도'인 셈입니다.

자장면 한 그릇을 먹었을 때 만족도가 10인 사람이 있습니다. 자장면 한 그릇을 더 먹으면 단위가 1에서 2로 늘어납니다. 이렇게 단위를 늘려 가는 것이 바로 경제학에서 말하는 '한계'입니다.

자장면 두 그릇을 연거푸 먹으면 처음 먹었을 때만큼 맛이 있을까요? 당연히 맛이 떨어지겠죠. 즉 효용(만족도)이 줄어드는 것입니다. 처음 먹은 자장면의 효용이 10이라고 했으니 두 번째로 먹은 자장면의 효용은 6이라 칩시다.

다시 한계를 적용해 볼까요? 단위를 3으로 늘려 보지요. 자장면 세 그릇을 연속으로 먹으면? 효용이 2쯤으로 뚝 떨어질 겁니다. 네 그릇을 연거푸 먹으면? 이쯤 되면 면발을 씹는지 고무줄을 씹는지 분간하기 어려워지겠죠? 맛을 전혀 느끼지 못한다는 뜻입니다. 이때는 효용이 0이 됩니다. 다섯

그릇을 먹으면요? 효용은 -2쯤으로 줄어듭니다. 여기서 마이너스는 무엇을 뜻할까요? 먹자마자 토한다는 뜻입니다. 만족도가 높아지기는커녕 오히려 줄어들게 되지요.

이처럼 뭔가에 대한 소비의 단위를 하나씩 늘려 나갈 때 느끼는 만족도가 바로 '한계 효용'입니다. 우리가 자장면의 예에서 확인했듯이, 사람에게 한계 상황을 적용하면 효용이 반드시 줄어들게 되어 있습니다.

이제 '롯데월드에 가는 것이 지겹다'는 것의 의미를 정확히 알 수 있겠죠? 지겹다는 것은 바로 효용이 눈에 띄게 줄어들었다는 신호입니다.

이때는 조금 멀더라도 새로운 경험을 할 수 있는 에버랜드로 가는 것이 롯데월드에 가는 것보다 효용이 더 높습니다. 롯데월드에 처음 갔을 때 효용이 10이었다 하더라도, 세 번쯤 연이어 가면 그 효용이 3이나 4로 줄어듭니다. 반면에 에버랜드는 거리가 멀어서 처음 갔을 때의 효용이 6이라 하더라도, 롯데월드의 효용이 3이나 4로 줄어들었기 때문에 합리적인 선택이 될 수 있는 것이지요.

차가운 머리를 가진 사람은 이러한 상황에서 냉정하게 판단합니다. 그렇지 못한 사람은 아무 생각 없이 롯데월드로 계속 가서 시간과 돈을 낭비하지요. 살아가다 보면, 이렇게 선택을 해야 하는 순간이 상당히 많습니다. 이런 순간마다 계속 잘못된 판단을 하게 되면, 나중에는 작은 차이가 모여 엄청난 크기로 다가올지도 모릅니다.

예를 더 들어 보겠습니다. 누구나 한 번쯤 겪는 일입니다.

비 오는 날, 버스 정류장에서 버스를 20분 동안이나 기다렸는데 도무지 버스가 올 기미를 보이지 않습니다. 지금이라도 택시를 탈까? 그런데 선뜻 결정을 내리기가 쉽지 않습니다. 지금까지 기다린 시간이 아까워서입니다. 그래서 조금만 더 기다리기로 합니다.

경제학에서는 이런 경우를 아주 잘못된 선택이라고 이야기합니다. 왜냐하면 버스 정류장에서 20분을 기다린 것은 이미 지나간 과거이기 때문입니다.

더 기다렸다가 버스를 탈 것인지, 지금 바로 택시를 탈 것인지를 선택할 때에는 '이 순간에 어느 쪽을 선택하면 내가 가장 행복할 것이냐'를 기준으로 삼아야 합니다. 즉 '시간을 더 들여서라도 값이 싼 버스를 타는 것이 더 만족스러운지, 돈을 더 주더라도 빨리 갈 수 있는 택시를 타는 것이 더 만

족스러운지'만을 놓고 따져야 한다는 것입니다.

그런데 대부분의 사람들은 이미 지나간 20분이라는 과거를 판단의 기준으로 삼습니다. 20분 기다린 게 아깝다고 더 기다리면 지나간 20분이 새로 생길까요? 그렇지 않습니다. 따라서 판단의 기준은 지금 이 순간과 앞으로 다가올 미래가 되어야 합니다.

돈이 아까워서 죽어도 택시 타기 싫은 사람은 비 맞으며 버스를 기다리면 됩니다. 하지만 돈이 더 들더라도 감기 안 걸리고 편하게 사는 것이 낫다고 생각하는 사람은 택시를 타고 얼른 집으로 가면 되지요. 물론 이런 판단은 사람마다 다를 수 있습니다.

우리는 하루에도 수십 번씩 선택을 하고 있습니다. 그때 아무 생각 없이 선택을 하는 것과, 어느 쪽이 나에게 가장 큰 만족을 줄 것인지 판단해서 선택하는 것은 비교가 되지 않습니다. 하루에 합리적인 선택을 열 개씩만 늘려 가도, 여러분은 평생 동안 무려 18만 번 이상의 합리적인 선택을 하게 됩니다. 이것이 바로 경제학에서 말하는 '차가운 머리'가 필요한 이유입니다.

24시간 지난 도넛 버리지 마세요!

이제 마셜이 이야기한 경제학의 기사도 정신 중 두 번째, 즉 '따뜻한 가슴'에 대해 이야기할 시간이군요. 따뜻한 가슴은 항상 합리적으로 선택하고 행동하되, 그 결과로 나타나는 세상의 모습은 따뜻한 시각으로 보자는 뜻입니다.

이게 무슨 말일까요? 경제를 알면 차가운 머리로 냉정하고 합리적인 판단을 할 수가 있습니다. 하지만 이 세상에는 나 혼자만 살아가는 것이 아닙니다. 많은 사람들과 함께 '사회'라는 것을 이루고 살지요.

차가운 머리는 나의 만족을 높이기 위해 사용됩니다. 그러나 우리가 다른 사람들과 어울려 사회를 이루며 살고 있는 한, 사회도 구성원 전체의 만족을 위해 합리적인 선택을 해야 합니다. 즉 내 만족뿐 아니라, 다른 사람의 만족도 배려해야 한다는 얘기지요.

문제는 인간이라는 동물이 자기의 만족을 높이기 위해 최선을 다하다 보면, 다른 사람에 대한 배려를 사정없이 까먹어 버리는 경우가 많다는 점입니다. 그렇게 다른 사람에 대한 배려를 까먹는 사람이 늘어나면 사회가 효율적인 선택을 하지 못하는 경우가 생깁니다.

미국의 한 편의점에서는 진열해 놓은 도넛 중 만든 지 24시간이 지난 것은 모두 버린다고 합니다. 유통 기한이 지난 것도 아니고 먹을 수 없는 것도 아니지만, 고객들에게 가장 신선한 도넛을 제공하려는 회사의 방침 때문이랍니다.

그런데 지금 아프리카에서는 24시간이 지난 도넛이 아니라 24일이 지난 도넛도 구할 수 없어서 굶어 죽는 어린이들이 셀 수 없이 많습니다. 도대체 왜 하루 지난 도넛을 버릴까요? 그것으로 굶어 죽어 가는 어린이들을 도와줄 수는 없을까요?

미국 편의점에서 도넛을 아프리카까지 보내려면 포장을 해서 비행기에 실어 보내야 합니다. 당연히 돈이 들겠지요. 편의점 입장에서는 그렇게 돈을 들이느니 차라리 버리는 것이 훨씬 경제적입니다.

편의점을 탓할 수는 없습니다. 그들도 돈을 벌어야 하니까요. 그 편의점은 차가운 머리로 합리적인 선택을 한 것뿐입니다.

한쪽에서는 도넛을 버리고, 한쪽에서는 어린이들이 굶어 죽는 세상은 누가 봐도 효율적이지 않습니다. 이것을 막으려면 정부처럼 힘 있는 존재가 나서야 합니다. 정부가 '편의점은 제조된 지 24시간이 지난 도넛을 버리지 말고 반드시 자선 단체에 기부해야 한다. 도넛을 포장하고 운반하는 데 비용이 들더라도 기꺼이 감수해야 한다.'고 법령을 공포하고 시행 명령을 내렸다고 합시다.

편의점 사장님은 당연히 열받겠지요. 내다 버리면 한 푼도 안 드는데 이걸 포장해서 배송까지 하려면 돈이 많이 드니까요. 사회 전체가 좀 더 행복해지기 위해서는 편의점 사장님이 열을 약간 받더라도 정부는 이 일을 해야 합니다. 더불어서 불필요한 음식 쓰레기도 줄이고요.

이처럼 보다 많은 사람들이 경제적 권리와 혜택을 누릴 수 있도록 하는 것이 사회를 효율적으로 만듭니다. 이런 생각을 하다 보면 소외된 이웃들이 눈에 보이기 시작하지요. 바야흐로 따뜻한 가슴을 갖게 되는 것입니다.

경제를 조금씩 알아 가다 보면 자연스럽게 세상의 모든 일에 관심을 갖게 되고, 세상 돌아가는 이치를 경제적 논리로 해석하게 됩니다. 무엇이 옳고 무엇이 그른지 판단하는 능력을 키울 수 있지요. 바로 이런 두뇌 훈련이

자신의 꿈을 올바르게 선택하도록 도와주고, 우리나라는 물론 전 세계를
바른 눈으로 해석할 수 있게 이끌어 줍니다.

"머리는 차갑게, 가슴은 뜨겁게!"

왜 그래야 하는지 이제 알겠죠?

가난하지만 행복한 나라,
부탄

세계에서 어느 나라가 제일 잘살까요?(전혀 궁금하지 않다고요? 궁금하다고 해야 진도가 나가는데……, ㅜ_ㅜ)

얼핏 떠오르는 나라는 미국입니다. 요즘 뜨고 있는 중국도 후보에 들어갈 수 있겠군요. 그런데 아무런 근거 없이 느낌만으로 제일 잘산다고 하면 안 되겠죠? 뭔가 기준이 있어야 하지 않겠어요? 잘사는 나라와 못사는 나라를 구별할 때는 GDP(Gross Domestic Product)를 기준으로 삼습니다.

GDP는 국내 총생산인데요. 한 나라에서(Domestic) 만들어 낸 생산품(Product)의 총합(Gross)을 말합니다. 여기에는 자동차나 반도체같이 눈에 보이는 물품은 물론이고, 선생님이나 미용사처럼 교육이나 기술, 가치를 창출하기 위해 쏟은 노력까지 다 포함합니다.

이 수치가 클수록 그 나라가 돈을 많이 벌었다는 것을 의미합니다. 이를테면 한 나라의 경제 성적표라 할 수 있지요.

2011년 GDP 순위를 살펴볼까요? 1위는 미국입니다. 약 15조 달러, 그러니까 우리 돈으로 1경 7,000조 원 정도를 한 해에 벌었습니다. 2위를 차지한 중국은 약 7조 달러(약 8,000조 원)이고, 그 뒤를 이은 일본은 5조 8,000억 달러(약 6,800조 원)입니다. 우리나라는 1조 1,500억 달러(약 1,350조 원)로 15위입니다.

순위를 보면 중국은 역시 강대국입니다. 그런데 여기서 궁금한 것 하나! 중국 GDP가 한국의 6배 가까이 되는데, 그러면 중국 사람들이 우리나라 사람보다 6배 잘사는 걸까요?

천만의 말씀입니다. 실제로 중국에 가 보면 우리나라보다 6배를 잘 살기는커녕 6분의 1만큼도 못삽니다. 중국의 경제 규모는 우리나라의 6배 정도 되지만, 무려 13억 명이나 되는 사람들이 바글거리며 살고 있습니다.

나라 전체로 보면 돈이 많지만, 이걸 13억 명으로 나눠 보면 1명이 가질 수 있는 돈은 엄청 줄어드는 거지요. 그래서 국민 개개인이 얼마나 잘 살고 있느냐를 알아볼 때는 GDP 대신에 '1인당 GDP'를 사용합니다.

이건 계산이 아주 간단합니다. GDP를 국민 숫자로 나누면 됩니다. 한 나라가 1억 원을 버는 데 국민이 1억 명이면 국민 1명당 수입은 1원인 셈입니다. 이것도 잠깐 순위를 살펴볼까요?

2011년 기준으로 1위는 룩셈부르크입니다. 1인당 GDP가 무려 10만 달러가 넘습니다. 국민 1명당 1년에 1억 원 넘게 벌고 있다는 얘기입

니다. 한 가족을 4명이라 잡으면, 룩셈부르크의 4인 가족은 1년에 평균 4억 원이 넘는 수입이 있다는 이야기지요.

2위는 석유가 많이 나는 카타르이고, 지상의 낙원이라는 스위스는 4위 입니다. 최강대국인 미국은 4만 8,000달러(약 5,600만 원)로 9위고요, 우리나라는 2만 달러(약 2,300만 원)로 34위네요.

그런데 GDP로는 세계 2위인 중국이 1인당 GDP로 따지면 순위가 90위로 떨어집니다. 4,700달러(약 550만 원)로 한국의 4분의 1 수준이지요. 워낙 땅이 넓으니 경제 규모가 만만치 않지만, 정작 국민들은 그다지 잘사는 게 아닌 모양입니다.

여기서 한 가지 짚고 넘어가야 할 것이 있습니다. 지금까지 설명한 숫자는 경제 규모를 나타내는 성적표입니다. 경제 성적표가 뛰어나다고 국민들이 과연 행복할까요? 그렇지 않다는 증거가 있습니다. 바로 GNH(Gross National Happiness)라는 수치입니다.

이 수치는 경제 규모와 상관없이 그 나라 사람들이 얼마나 행복하다고 느끼는지를 측정한 수치입니다. 여기에는 아름다운 자연환경, 평등한 교육과 의료 혜택, 국민들이 아끼고 사랑하는 전통 문화, 적절한 소득 분배 등이 측정 요소로 들어가 있습니다.

그렇다면 GNH로 측정했을 때 가장 행복한 나라는 어디일까요? 1인당 GDP 순위가 100위 안에도 들지 못하는(약 2,100달러) 중앙아시아의 작은 나라 부탄입니다.

부탄은 잘사는 나라는 아니지만 국민 모두가 행복합니다. 대부분의 나라에서 국민들은 권력자를 싫어하는데, 부탄 국민들이 가장 존경하는 인물은 바로 국왕입니다. 또 부탄에서는 오염되지 않은 자연환경 덕에 평균 수명이 1984~1998년 사이 무려 19세나 늘어났습니다.

세계에서 유일하게 담배 판매가 금지되어 있고, 나라 전체에 신호등이 하나도 없습니다. 그런데도 교통사고율은 세계에서 가장 낮습니다. 모두가 양

국민들처럼 통나무집에 살고 있는 부탄 국왕의 모습이에요. 2011년에는 소박한 결혼식을 올려 화제가 되기도 했지요.

부탄의 풍경입니다. 히말라야 산맥 아래쪽이라서 농지가 적고 척박한 편이지요.

보하며 살기 때문이지요.

이들은 부유하지는 않지만 남의 것을 탐내지 않습니다. 남을 누르고 일어서야 자기가 풍요로워지는 지독한 경쟁도 없습니다. 그저 먹을 만큼 양식이 있고, 사랑하는 가족이 있고, 이것만으로도 국민들 얼굴에 웃음이 그치지 않습니다. 그래서 부탄은 세계에서 가장 행복한 나라라고 불립니다.

… GDP와 GNP

GDP(Gross Domestic Product)는 '국내 총생산'을, GNP(Gross National Product)는 '국민 총생산'을 의미합니다. 이 차이를 아주 간단히 설명하면 이렇습니다.

Domestic이라는 단어는 '국내의'라는 뜻입니다. 국내 총생산, 즉 GDP는 국내에서 생산하는 모든 생산품을 합한 것입니다. 반면 National은 '국가의'라는 뜻입니다. 따라서 GNP는 대한민국이라는 이름으로 생산하는 모든 생산품을 합한 것이라고 생각하면 됩니다.

차이가 이해되나요? 예를 들어 미국인 제임스가 서울에서 열심히 일해 100만 원을 벌었다고 합시다. 이 돈은 엄연히 국내에서 생산된 돈이므로 GDP에 포함됩니다.

그런데 제임스가 번 돈이 GNP에도 포함될까요? 정답은 'NO.'입니다. 제임스는 한국인이 아니라 미국인이니까요.

반대로 한국인 김철수 씨가 일본에서 열심히 일해서 10만 엔을 벌었습니다. 김 씨는 한국인이기 때문에 그가 번 돈은 당연히 우리나라 GNP에는 포함이 되지요. 하지만 이 돈은 일본에서 번 것이기 때문에 국내에서 만들어진 것은 아닙니다. 따라서 우리나라 GDP에는 포함이 되지 않는답니다.

2

내 맘대로 vs 네 말대로, 그것이 문제로다

계획 경제와 시장 경제

- 간섭받는 건 싫어!
- 그냥 내버려 두면 잘 굴러간다고?
- 억울하면 너도 사장 하란 말이야!
- 앗, 우리나라에는 '보이는 손'이……
- 혼합으로 섞어 주세요!

내 말대로 한번 해 보라니깐!

간섭받는 건 싫어!

우리는 학교나 일터에서 미리 정한 계획과 시간에 맞추어 아주 규칙적으로 생활합니다. 그 누구의 간섭도 받지 않고 하고 싶은 것만 하면서 살면 얼마나 좋을까요? 경제적인 관점에서는 가능합니다. 경제학에서는 '계획적으로 하는 것'이 '자유롭게 하는 것'에 비해 반드시 좋은 결과를 낸다고 보지 않거든요.

어떤 사람이 사업을 하기로 합니다. 그런데 어느 날, 높은 자리에 있는 사람이 찾아와서 이렇게 이야기합니다.

"당신은 치약 공장을 차려야 합니다. 근로자는 30명, 남자 15명과 여자 15명으로 뽑으세요. 월급은 한 달에 100만 원을 줍니다. 1년에 치약은 5만 개만 만들어야 해요. (더 만들면 죽는다, 알아서 잘해라~.)"

아니, 이게 무슨 황당한 시추에이션입니까? 사업은 하는 사람이 하고 싶은 걸 해야죠. 나라에서 치약을 만들라고 정해 주고 1년 생산량도 정해 주다니요.

어처구니없어 보이는 일이지만, 30년 전만 해도 세계의 절반에 이르는 나라에서 흔하게 일어났던 일입니다. 바로 '계획 경제'를 주도했던 사회주의 국가들에서 말이지요.

사회주의의 반대편에 있는 체제를 자본주의라고 부릅니다. 초기 자본주의 국가에서는 국가가 기업과 같은 경제 주체들에게 전혀 간섭을 하지 않았습니다. 당연히 치약을 만들건 치질약을 만들건 근로자를 몇 명을 쓰건 월급을 얼마를 주건 상관하지 않았지요.

그냥 내버려 두면 잘 굴러간다고?

경제 체제를 구분할 때 쓰는 기준은 바로 계획 경제냐, 시장 경제냐 하는 것입니다. 이 기준은 정말 중요합니다. 경제 체제의 구분 기준을 정확히 파악하고 각 나라의 상황을 들여다보면, 100%는 아니어도 70% 이상은 왜 그렇게 움직이는지 파악할 수 있습니다.

계획 경제에서는 국가가 모든 경제 주체들의 행동을 결정합니다. 계획 경제를 극단적으로 받아들이면 사회주의 체제가 됩니다.

반대로 **시장 경제**에서는 국가가 경제 주체들의 행동에 조금도 간섭을 하지 않습니다. 자본주의는 누가 개입하지 않아도 '보이지 않는 손'이라고 불리는 가격(이는 경제학에서 아주 중요한 개념이지만, 뒤에서 자세히 설명이 되니 여기서는 넘어가겠습니다.)의 움직임 때문에 시장이 알아서 잘 굴러간다는 이론입니다. 극단적인 시장 경제 체제에서는 초기 자본주의의 모습을 찾아볼 수 있습니다.

무엇이 옳을까요? 아마도 여러분은 시장 경제를 지지하리라 생각합니다. 하지만 그 답은 정답이기도 하면서 아니기도 합니다.

좀 더 들어가 보겠습니다. 계획 경제와 시장 경제를 구분할 때, 핵심은 정부의 역할입니다. 정부의 간섭이 줄어들수록 시장 경제에 가깝고, 정부의 간섭이 심할수록 계획 경제에 가깝습니다.

우리는 극단적인 계획 경제를 주도

:: 애덤 스미스의 주장

음악의 아버지는 요한 세바스찬 바흐이지요. 근대 미술의 아버지는 폴 세잔입니다. 그러면 경제학의 아버지는 누구일까요? 경제학의 역사를 살펴볼 때 제일 먼저 등장하는 사람은 바로 '애덤 스미스'가 되시겠습니다. 애덤 스미스는 '보이지 않는 손'이라는 개념을 만들어 낸 사람입니다. 이는 초기 자본주의 시장 경제에서 가장 중요한 이론입니다.

중학교 사회 교과서를 보면 '애덤 스미스의 주장'이라는 대목이 나옵니다. 그대로 전문을 인용해 보겠습니다.

애덤 스미스의 주장

영국의 경제학자인 애덤 스미스는 정부의 지나친 간섭이 국가의 경제를 발전시키는 것이 아니라 오히려 축소시킨다고 보았다. 그리고 정부가 특혜를 주는 것이든 금지하는 것이든 모든 제도를 완전히 폐지하면 알기 쉽고, 단순하며, 자연스러운 제도가 저절로 확립될 것이라고 주장했다.

이게 무슨 뜻일까요? 스미스는 정부를 향해 '특혜를 주는 것이든 금지하는 것이든' 일절 관여하지 말라고 소리칩니다. 그러니까 "뭘 하지 말라."고 막는 건 당연하고, "내가 잘 도와줄게."라고 나서는 것도 오히려 방해가 된다는 뜻이지요. 정부는 그냥 입 닥치고 있는 것이 가장 잘하는 행동이라는 뜻입니다.

스미스에 따르면, 정부가 가난한 사람을 돕는 것은 국가 경제를 망치는 짓입니다. 도로를 만들거나 철도를 놓는 일도 정부가 끼어들어서는 안 됩니다. 홍수가 났을 때 이재민을 돕는 일은요? 당연히 정부가 하면 안 됩니다.

그냥 가만히 놔두면 세상이 다 알아서 이런 문제들을 해결한다는 것이 그의 확고한 신념이었습니다. 약간 비인간적으로 들리기도 하지요? 하지만 바로 이 주장이 현대 시장 경제, 그러니까 지금 우리가 살고 있는 자본주의의 중요한 토대가 되었답니다.

했던 사회주의 국가들이 대부분 망했다는 사실을 알고 있습니다. 그렇다면 극단적인 시장 경제를 주도했던 초기 자본주의 국가들은 어땠을까요?

억울하면 너도 사장 하란 말이야!

자본주의가 발전하게 된 결정적인 계기는 산업 혁명이었습니다. 18세기, 사람 손으로 직접 물건을 만들던 일을 대신하는 기계가 등장하면서 공장이 생겨납니다. 그런데 공장을 지은 사장님은 돈을 많이 벌고 싶습니다. 당연히 노동자들에게 월급을 아주 조금만 줍니다.

당시 산업 혁명의 중심지였던 영국에서는 10세 미만의 어린이와 임산부, 노인까지 공장 노동자로 일해야 했습니다. 일할 수 있는 인구 가운데 3분의 2가 노동자 생활을 한 셈이지요. 이들이 하루 14시간 가까이 일하고 받는 대가는 요즘 돈으로 500원도 채 되지 않았다고 합니다.

하지만 사장님들은 신경도 쓰지 않습니다. 사장님이야 돈을 많이 버는 것이 목적이고, 이를 위해서는 일하는 사람들에게 월급을 조금 주는 것이 유리합니다. 비인간적으로 보일지 모르겠지만 사장님 입장에서는 아주 합리적인 선택입니다. 500원만 줘도 일하겠다는 사람들이 널려 있기 때문에, 돈을 더 줄 필요가 없는 것이지요.

실감이 안 나나요? 그러면 조금 더 실감이 나도록 산업 혁명을 이끌었던 당시, 영국의 수도 런던에서의 삶을 잠깐 살펴보도록 하지요.

19세기 어린이 노동을 묘사한 그림(왼쪽)과 비슷한 시기 런던 뒷골목 풍경(오른쪽)입니다.

"새벽 5시에 공장에 나가야 해요. 밤 9시까지 꼬박 일을 하는데 휴식은 밥 먹는 시간 20분뿐입니다. 가끔 일하다 졸면 관리자들이 가죽 채찍으로 등을 때려요. 힘들지만 할 수 없어요. 돈을 벌고 싶으니까요. 일이 너무 힘들어서 동생이 저를 도와주고 있습니다. 하지만 동생은 사장님이 고용한 것이 아니니 월급을 받지 못해요. 동생은 7살이랍니다."

로마 시대 노예 이야기가 아닙니다. 이는 신사의 나라라고 엄청나게 폼 잡기 좋아하는 영국에서 불과 180년 전에 있었던 이야기입니다. 게다가 당시 '11세'였던 토마스 클라크의 증언이랍니다.

그때 영국은 해외에 식민지를 개척하면서 더 이상 국내에서 농산물을 생산할 필요가 없어집니다. 아주 싼값에 식민지에서 곡식을 들여오면 되니까요.

농사를 지으며 평화롭게 살던 수많은 사람들은 갑자기 살길이 막막해집니다. 어쩔 수 없이 도시로 모여들지요. 당시 영국 인구의 3분의 1이 런던으로 모여들었고, 먹고살기 위해 남녀노소 상관없이 일을 해야 했습니다.

그렇게 사람들이 한꺼번에 모여들었을 때 런던의 모습은 어땠을까요? 노동자들은 주로 합숙소에서 지냈는데, 자그마한 방에 남녀 가릴 것 없이 20여 명씩 뒤엉켜 살았습니다. 도시의 쓰레기 더미에는 쥐들과 함께 먹을 것을 뒤지는 노동자들로 넘쳐났습니다. 런던의 하늘은 공장에서 뿜어 대는 매연으로 시커멓게 변했고, 물은 오염될 대로 오염됐습니다. 위생 상태가 엉망이니 콜레라와 장티푸스가 순식간에 퍼졌지요. 도시 곳곳에는 사람 시체가 널브러져 있었답니다.

다 지나간 역사의 한 자락이라고 넘겨 버리기에는 너무도 참혹한 장면입니다. 지금 우리는 발전된 자본주의 사회에서 비교적 풍요롭게 살고 있습니다. 하지만 우리가 누리는 풍요로움은 초기 자본주의 노동자들의 표현하기 힘든 고통을 바탕으로 만들어진 것입니다.

이 문제는 '노동자들이 불쌍하다'는 데에서 그치지 않습니다. 인간적으로야 슬픈 일이지만 이렇게 해서 나라가 잘 돌아가기만 했다면 "이런 게 자본주의라고! 억울하면 사장이 되란 말이야."라고 윽박지르고 넘어갔을 수도 있겠지요. 그런데 이게 그렇게 간단한 문제가 아니었습니다.

산업 혁명과 함께 물건 만드는 속도가 비약적으로 빨라졌습니다. 과거에는 손으로 하루에 10개도 채 만들기 힘들던 물건이 기계의 도움을 받으면서 하루에 1,000개씩 만들 수 있는 세상이 되었습니다.

이 물건들은 농업 시대에는 구경도 못 했던 진귀한 것들입니다. 처음에는 물건이 엄청 잘 팔립니다. 그런데 시간이 지나면서 문제가 생깁니다. 물건을 잔뜩 만들면 누군가 사 줘야 장사가 됩니다. 물건이 팔려야 사장님도 떵떵거리면서 살지요. 그런데 이 물건을 누가 사나요? 국민들이 사야죠.

슬프게도 물건을 사야 할 국민들 가운데 3분의 2가 노동자였습니다. 이들은 앞에서 살펴봤듯이, 물건은커녕 하루 세끼 밥 사 먹을 돈도 없었지요.

만든 물건은 쌓여 있는데 사 줄 사람은 없습니다. 물건이 안 팔리기 시작하자 사장님들은 돈 버는 게 힘들어집니다. 공장에서는 울며 겨자 먹기로 노동자들을 해고해, 물건 만들 때 드는 비용을 줄입니다. 이번에는 나라 전체에 실업자가 들끓습니다.

그나마 노동자일 때도 물건 살 돈이 없었는데, 실업자들이 무슨 수로 물건을 사겠어요? 사장님이 공장에서 만든 물건은 이제 팔리지가 않습니다. 이래저래 노동자들은 실업자로 거지로 내몰리고, 사장님은 장사가 안 되어서 죽을 지경입니다.

원래 시장 경제 이론에 따르면 이런 일은 없어야 합니다. 모든 것이 저절

:: 굶어 죽는 애들? 그냥 내버려 둬!

중학교 3학년 생물 과목에 진화론이 나옵니다. 그런데 그 설명 가운데 아주 짧게 맬서스라는 사람의 주장이 등장하지요. '모든 생물은 생존 가능성 이상의 자손을 과잉 생산한다.'라는 것이 책에 나와 있는 주장의 핵심입니다. 이 짧은 주장은 사실 현대사에 매우 큰 영향을 준 《인구론》이라는 것입니다. 약간 어렵더라도 한번 살펴보겠습니다. 《인구론》은 이렇게 말합니다.

인구는 기하급수적으로 증가하고 식량은 산술급수적으로 증가한다.

좀 귀찮더라도 외워 둘 만한 문장입니다. 경제학이나 사회학 분야에서는 소크라테스의 '네 자신을 알라.'라는 말만큼이나 유명한 문장이니까요. 논술 시험을 볼 때나 친구들 앞에서 아는 척을 할 때나 분명히 피가 되고 살이 될 문장입니다.

무슨 뜻일까요? 산술급수라는 것은 쉽게 말하면 '더한다'는 뜻이고 기하급수는 '곱한다'는 뜻입니다. 따라서 산술급수적으로 증가한다는 말은 2 → 4 → 6 → 8…… 이렇게 처음 숫자에서 2씩 더해 증가하는 것입니다. 그렇다면 기하급수는요? 2 → 4 → 8 → 16…… 이런 식입니다. 처음 숫자에 2씩 곱해서 증가하는 것이지요.

자, 생각해 봅시다. 《인구론》의 주장을 살펴보면 인구는 기하급수적으로 늘어납니다. 그런데 인간이 먹어야 할 식량은 산술급수적으로만 늘어납니다. 그럼 4번째 되는 해에는 인구는 16인데 식량은 8밖에 되지 않습니다. 먹을 게 부족해지는 거지요.

1명당 식량 하나씩 먹는다고 가정하면 8명은 꼼짝 없이 굶어야 합니다. 이 굶는 사람들은 어찌 될까요? 당연히 굶어 죽게 됩니다.

'아 그렇구나.' 하고 끄덕끄덕할 이야기가 아닙니다. 이 주장을 펼친 토마스 로버트 맬서스는 1766년에 태어났습니다. 18세기 중반, 그러니까 산업 혁명이 시작될 무렵의 사람입니다. 맬서스가 이 이론을 주장한 것은 거창하게 생명 과학을 설명하기 위해서가 아닙니다. 《인구론》은 엄연히 경제학 혹은 사회학 책으로 분류됩니다.

맬서스는 거지가 들끓고 전염병이 떠돌던 초기 산업 혁명 시대를 관찰했습니다. 수많은 노동자들이 굶고 병들어 죽는 모습을 봤습니다. 그리고 《인구론》을 집필했습니다.

《인구론》의 핵심이 뭐라고 했지요? 식량에 비해 인구가 턱없이 많아지는 것이라고 했습니다. 다시 말하면 '식량이 부족해 사람이 굶어 죽는 것은 자연의 법칙이다.'라는 뜻입니다. 실제로 《인구론》을 들여다보면 곳곳에서 맬서스의 음울한 독설이 작열합니다.

맬서스의 초상. 생김새는 인자한데, 어찌 이렇게 무서운 말을 했을까…….

'가난해서 죽는 것은 신의 섭리이다. 따라서 그들을 돌보는 것은 선행이 아니라 오히려 재앙이다.'

'인구가 늘어나는 한 굶어 죽는 것을 피할 수는 없다. 굶어 죽지 않는다면 병으로 죽는다. 병이 아니면 전쟁으로 죽는다. 이렇게 죽어야 식량과 인간의 숫자가 맞아떨어진다.'

'전염병을 퇴치해서는 안 된다. 병든 사람은 죽게 내버려 둬야 한다. 이것이 상류층을 살릴 수 있는 유일한 길이다.'

섬뜩하지 않습니까? 가난한 사람은 계속 가난해야 하며, 제명대로 못 살고 일찍 죽는 것이 신의 섭리라니 말입니다. 다행히도 이 주장은 사실이 아닌 것으로 판명이 났습니다. 인구는 기하급수적으로 늘어나지 않고, 식량도 산술급수적으로만 증가하지는 않습니다. 식량이 부족해 사람들이 굶어 죽는 일은 많이 사라졌고, 전염병도 예방할 수 있는 길이 생겼습니다.

틀리기는 했지만 맬서스의 《인구론》은 우리에게 초기 자본주의 시절이 얼마나 참혹했는지를 엿보게 해 줍니다. 실로 많은 사람들이 굶고 병들어 죽었습니다. 그러나 부유한 상류층 한쪽에서는 "죽는 애들? 그냥 내버려 두란 말이야. 그게 신의 뜻이니까."라며 그들을 방치했던 것이지요.

로 알아서 해결되어야 합니다. 그러나 현실은 반대였습니다. 결국 모든 것을 시장에만 맡기는 초기 자본주의의 시장 경제는 실패하고 맙니다.

앗, 우리나라에는 '보이는 손'이……

우리나라는 시장 경제를 기초로 한 자본주의 사회입니다. 이건 모두가 알고 있는 상식입니다. 그런데 냉정하게 역사를 살펴보면 이 말이 100% 사실은 아니라는 것을 금방 알 수 있습니다.

고등학교 교과서에서는 '우리나라 경제 성장의 특징'을 이렇게 설명합니다.

우리나라는 여러 가지 어려운 여건 속에서도 단기간에 고도의 경제 성장을 이룩하였다. 이를 가능하게 한 요인들을 살펴보도록 하자.

첫째, 정부 주도의 성장이다. 후진국의 경제 성장 초기에는 대부분의 경우 정부가 주도적으로 경제 계획을 수립하고 추진한다. 우리나라도 이와 마찬가지로 1960년대 이후 정부가 앞장서서 경제 개발을 이끌어 갔다.

우리나라가 고도의 경제 성장을 이룰 수 있었던 첫 번째 이유가 바로 '정부 주도'였다는 것입니다. 정부 주도가 무슨 말일까요? 앞에서 시장 경제와 계획 경제의 가장 큰 차이점은 정부가 얼마나 경제에 개입하느냐 하는 것이라고 이야기했지요?

우리나라는 경제 성장을 위해 시장 경제, 즉 정부가 개입하지 않고 경제를 운영하는 순수 자본주의의 과정을 밟지 않았다는 뜻입니다. 실제로 우리나라 정부는 1960~70년대 **경제 개발 5개년 계획**을 진행했습니다. 이 계획의 핵심은 기업이나 근로자들이 할 일을 정부가 딱 정해 주는 것입니다. 이런 식이지요.

"우리나라는 앞으로 5년 동안 이거 저거 요거를 집중적으로 만든다. 수출은 얼마까지 늘리고, 농업은 얼마로 줄여 나간다."

이런 시스템은 절대로 시장 경제가 아닙니다. 오히려 계획 경제에 가깝습니다. 이걸 한 번만 했냐고요? 아닙니다. 무려 일곱 번이나 했습니다. 경제 개발 5개년 계획을 7차에 걸쳐 했으니 무려 35년 동안 정부가 나라의 경제를 계획하고 주도했던 겁니다.

뒤쪽에 나오는 얘기입니다만, 은행에 돈을 맡기면 이자를 줍니다. 지금은 이자를 얼마나 줄 것이냐에 대한 기준을 한국은행에서 정합니다. 그런데 이 시기에는 한국은행이 정하지 않았습니다. 모두 정부에서 정했지요.

주식 투자도 마찬가지였습니다. 1980년대까지만 해도 증권 회사나 투자 회사에 매주, 혹은 매월 정부에서 지침을 내려 주었습니다.

"이번 달은 화학 업종 주식을 집중 매수해서 주가를 올리고, 전자 회사 관련 주식은 팔아서 주가를 3%가량 떨어뜨리시오."라는 식으로 말이지요.

쌀값이요? 이것도 정부에서 정했습니다. 혹시 새마을 운동이라고 들어 봤나요? 역시 1960~70년대 정부가 주도했던 농촌 개혁 계획이었습니다. 모름지기 시장 경제라면 농촌에서 새마을 운동을 하건 헌마을 운동을 하건 정부는 상관하지 말아야 합니다. 그런데 당시 우리나라 정부는 상관을

했습니다. 상관한 정도가 아니라 아주 적극적으로 계획하고 지도했지요.

냉정히 말하면 이 모든 일들은 시장 경제하고 아주 동떨어진 것입니다. 미국 등 자본주의 선진국의 지원을 받으면서 자본주의 세계 체제에 편입되었던 우리나라지만, 속을 들여다보면 '정부 주도'라는 계획 경제를 이용했던 것이지요.

1962년에 만든 '경제 개발 5개년 계획' 전시관입니다. 5개년 계획과 계획의 예상 결과물을 모형으로 만들어 사람들이 볼 수 있도록 전시한 것이지요.

이처럼 우리나라의 발전 과정만 봐도 시장 경제는 자본주의, 계획 경제는 사회주의라는 생각은 현실과 잘 맞아떨어지지 않습니다. 교과서에도 나와 있듯, '후진국의 경제 성장 초기에는 대부분' 시장 경제보다는 계획 경제에 가까운 형태로 발전을 시도하는 경우가 많습니다.

혼합으로 섞어 주세요!

지금까지 우리는 시장 경제와 계획 경제의 기본적인 차이를 알아보았습니다. 현대 사회에서는 완전한 시장 경제도 없고, 완전한 계획 경제도 없습니다. 외골수로 계획 경제를 고집했던 사회주의 국가들은 대부분 사라졌고, 많은 자본주의 국가들도 시장 경제와 계획 경제를 적절히 섞어 이용합니다.

어떤 나라를 이해하려면, 가장 먼저 그 나라에 계획 경제의 요소가 얼마나 들어 있는지 살펴봐야 합니다. 쉽게 말하면 그 나라 경제에 정부가 어느 정도 영향력을 미치고 있는지 살펴봐야 하는 것이지요.

잠깐, 논술 공부 하나 하고 지나갈까요?

'미국 오바마 대통령이 건강 보험 개혁안을 추진하는 배경에 대해 밝히고, 이에 대한 본인의 의견을 서술하시오.'

이런 논술 문제가 나왔다고 칩시다. (이런 문제는 논술 기출 문제에서 본 적 없다고요? 알아 두면 다 피가 되고 살이 되는 겁니다.)

젠장, 오바마는 알겠는데 건강 보험 개혁은 뭐지? 짜증이 확 나지요?

일단 건강 보험 개혁은 이런 겁니다. 우리나라는 건강 보험 제도가 잘 정착되어 있는 편입니다. 감기에 걸려서 병원에 가면 진료비가 3,000원쯤 나옵니다. 그런데 진료비가 정말 3,000원일까요? 사실은 1만 원이 넘습니다. 그런데 왜 병원에서는 3,000원만 받을까요?

나머지 돈은 정부에서 내주기 때문입니다. 의료는 국민들에게 워낙 중요한 사안이기 때문에 돈이 없는 사람들도 적은 돈으로 병을 치료할 수 있도록 나라가 지원을 해 주는 거지요.

물론 공짜로 해 주는 건 아닙니다. 여러분 부모님이 건강 보험에 의무적으로 가입해서 매달 얼마씩 돈을 미리 냅니다. 정부는 건강 보험료로 거둬들인 돈으로 환자들 치료비를 지원합니다.

문제는 국민들이 내는 건강 보험료에 비해 실제로 정부가 지출해야 하는 돈이 더 많다는 것입니다. 그래서 모자라는 돈은 정부가 세금을 걷어서 보충하는 등 여러 가지 방법으로 채워 넣습니다. 이 덕분에 우리나라 사람들은 병에 걸려도 큰 걱정 없이 정부로부터 지원을 받을 수 있는 것이지요.

그러면 미국은 어떨까요? 우리나라보다 잘사는 나라로 알고 있지요? 진심으로 충고하는데, 혹시 미국에서 살 기회가 있다면 매우 건강해야 합니다. 미국에서 한번 아프면 어마어마한 돈을 병원에 갖다 바쳐야 하거든요. 정부에서 건강 보험을 지원하지 않기 때문입니다.

물론 미국에는 나라에서 운영하는 것이 아니라 일반 보험 회사들이 제공하는 건강 보험이 발달해 있습니다. 그런데 일반 보험 회사들은 자선 기관이 아니고 장사하는 회사들입니다. 이윤이 남아야 장사를 하지요. 당연히 가입자가 내야 하는 보험료가 우리나라에 비해 한참 높습니다.

그래서 일반인들은 이런 비싼 보험에 가입을 하지 못합니다. 이런 상황에서 덜컥 아프기라도 하면, 보험 혜택을 받지 못하므로 병원에 엄청난 돈을 쏟아부어야 하는 것이지요. 오바마 대통령은 여기에 문제가 있다고 생각했습니다. 국민의 건강만큼은 나라가 도와줘야 하지 않을까? 그러기 위해서

〈SICKO〉라는 다큐멘터리 영화의 감독인 마이클 무어가 미국 의회에서 의료 보험 관련 회의를 마치고 기자 회견을 하는 장면입니다. 〈SICKO〉는 미국 의료 보험의 문제를 적나라하게 파헤친 문제작이랍니다.

는 건강 보험을 일반 보험 회사에만 맡겨 둘 수는 없다, 이것이 건강 보험 개혁의 핵심입니다.

미국은 나라에서 직접 운영하는 건강 보험을 만들려고 시도합니다. 보험료는 적게 받고, 부족한 돈은 정부가 지원해 주는 방식이지요.

그런데 이걸 시행하자면 우리나라처럼 정부에서 상당한 돈을 지원해야 합니다. 들리는 말로는 건강 보험 개혁이 시작되면 10년 동안 약 9,000억 원 정도의 정부 예산이 투입돼야 한다는군요.

정부가 국민 건강을 챙긴다는 것은 좋은 일인데, 왜 미국에서는 지금 찬성이니 반대니 하면서 피 터지게 싸우는 걸까요?

경제적으로 이 문제를 살펴봅시다. 오바마 대통령이 소속되어 있는 민주당은 전통적으로 계획 경제를 좀 더 강화해야 한다고 주장하는 쪽입니다. 반면 오바마 대통령의 반대편에 있는 공화당은 철저한 시장 경제, 즉 정부의 경제 개입을 최소화해야 한다고 주장하는 쪽이지요.

민주당이 정부 돈을 들여서라도 국민 건강을 챙겨야 한다고 주장하는 배경은 그들의 경제 철학 자체가 정부의 역할을 강조하는 데 있기 때문입니다. 반면 공화당에서는 이런 일일수록 시장에 맡겨 두고 정부의 개입을 최소화해야 나라 경제가 좋아진다는 생각을 갖고 있습니다.

이런 경제적인 배경을 알아야 앞의 논술 문제를 논리적으로 풀 수 있습니다. 오바마 대통령이 보험을 개혁하려는 이유는 그와 그가 속한 정당이 갖고 있는 경제 철학으로부터 출발하는 것이지, 집안에 건강 보험 회사와 원수진 사람이 있어서가 아닙니다.

이뿐만이 아닙니다. 세금을 많이 걷으려는 쪽과 덜 걷으려는 쪽, 복지 시설을 확충하자는 쪽과 축소하자는 쪽, 공무원 숫자가 많아야 한다는 쪽과 줄여야 한다는 쪽 등등 우리 주변에서 발생하는 대부분의 시사적 문제는 '경제 활동에 정부의 개입을 늘려야 하나, 줄여야 하나?'라는 질문에서 출발합니다.

정답이 무엇인지는 아직 모릅니다. 하지만 지금보다 더 나은 세상을 만들기 위해 정답을 찾기 위한 노력은 앞으로도 계속되어야 하겠지요.

현대 사회의 경제는 시장 경제와 계획 경제의 조화 속에 발전하고 있습니다. 이렇게 두 경제 체제를 섞어서 조화롭게 사용하는 것을 **혼합 경제**라고 합니다. 사실상 현재 우리는 혼합 경제 체제 속에서 살고 있다고 해도 틀린 말이 아니지요.

혼합 경제 체제 속에서 시장 경제가 강조되어야 하냐, 계획 경제가 강조되어야 하냐의 문제는 인류가 상황에 맞춰 슬기롭게 풀어 가야 할 중요한 과제랍니다.

계획 경제의 절대 강자, 일본

자본주의 국가 중에 계획 경제를 아주아주 심하게 강조해서 성공한 대표적인 나라가 어디일까요? 학자마다 대답이 다를 수 있겠지만, 열 명 중 아홉 명은 일본을 꼽을 겁니다.

잘 알다시피 일본은 제2차 세계 대전의 패전국입니다. 원자 폭탄을 두 번이나 맞으면서 국토가 초토화되어 절대로 일어서지 못할 거라는 평가를 받았던 나라이지요. 그랬던 일본이 현재 세계 2, 3위의 경제 대국으로 발전한 가장 큰 이유 중 하나가 바로 '정부의 역할'입니다.

일본 정부는 수십 년 동안 일본 경제의 모든 것을 철저히 지배했습니다. 이 시기 도쿄 대학교를 나온 최고 엘리트들은 대부분 정부 관료로 진출합니다. 이들은 철저하게 나라 경제의 방향을 계산한 뒤, 기업들을 하나에서 열까지 지도해 나갑니다.

어느 공장이 정해진 기간 동안 물건을 얼마나 생산해야 할지를 정부에서 정했습니다. 이 정도면 거의 사회주의 국가와 다를 바가 없는 셈입니다.

정부가 시킨 대로 해서 회사가 잘 되면 좋지만 잘 안 되면 어떻게 할까요? 정부가 친절하게 국민들이 낸 세금으로 기업의 손해를 메워 줍니다. 사정이 이렇다 보니, 기업들은 정부 눈치를 120% 볼 수밖에 없습니다. 나라가 하라는 대로 해서 손해나는 법이 없으니 시키는 대로 할 뿐이지요.

일본에서 유독 공무원을 상대로 한 뇌물 사건이 많은 이유도 이 때문입니다. 모든 것을 정부 관료들이 쥐고 흔드니 기업인들은 살기 위해 뇌물을 바치고, 관료들은 그런 기업들의 뒤를 은밀히 봐줍니다. 그래서 일본은 잘사는 나라일지는 몰라도, 민주적이거나 합리적이라는 평가를 받지는 못합니다.

원래 시장 경제 체제에서는 문제가 많이 발생하기 때문에 시끄럽게 마련입니다. 경쟁이 치열하다 보니 망하는 회사도 많이 생기지요. 하지만 경쟁에서 살아남기 위해 더 좋은 품질의 제품을 만들려고 노력하는 회사들이 늘어날 수밖에 없습니다. 시장 경제에서 경쟁은 사람들을 항상 긴장하게 만들지만, 궁극적으로는 실력을 키우는 주춧돌이 됩니다.

그런데 정부가 다 알아서 하는 일본에서는 이런 경쟁이 일어날 수 없습니다. 정부가 철저하게 계획해서 기업들끼리 싸우지 않도록 조정을 하니까요. "너는 라면 만들어." "너는 전자 제품 만들어." "너는 자동차 만들어." "빵빵하게 지원해 줄게." 하는 식이지요.

일본은 1980년대까지 정부 중심의 경제 체제로 비약적인 성공을 거듭했습니다. 하지만 1990년대부터 이상하게 일이 꼬이기 시작합니다. 정부의 보호 아래 치열함을 잃어버린 일본의 대표 기업들이 우리나라나 대만처럼 팔팔한 나라의 기업들에게 덜미를 잡힌 것이지요.

요즘은 일본이 많이 달라졌다고 합니다. 정부가 모든 것을 좌우하는 방식으로는 더 이상 치열한 세계 시장에서 살아남기 어렵다는 것을 알아차린 것입니다.

이렇듯 극단적인 계획 경제는 어떻게든 한계를 보이게 마련입니다. 그래서 계획 경제와 시장 경제를 적절히 섞어 나가는 지혜가 필요한 것이지요.

··· 한국은행

한국은행은 나라에서 만든 은행입니다. 우리 주변에서 흔히 볼 수 있는 은행과는 완전히 다르지요. 그래서 제일 높은 사람을 '은행장'이 아니라 '총재'라고 부른답니다.

한국은행이 하는 가장 중요한 일은 돈을 만드는 것입니다. 정확히 말하면 돈은 한국조폐공사에서 찍어 내고, 한국은행은 '돈을 얼마나 만들지'를 결정한다고 보면 됩니다.

돈이 너무 많이 풀리면 물가가 오릅니다. 또 돈이 너무 부족하면 나라 경제가 잘 돌아갈 수 없지요. 한국은행은 돈이 어느 정도 풀려야 경제가 원활하게 돌아갈지를 결정하는 일을 합니다.

그러니까 괜히 '한국은행에 돈을 맡기면 이자를 얼마나 주나?' 이런 거 검색하지 마세요. 이름만 은행이지 예금은 안 받으니까요.

서울시 중구에 위치한 한국은행 건물. 우리나라 대표 은행인데, 주변의 다른 빌딩들에 비해 왜소해 보이죠? 1912년에 지은 오래된 건물이기 때문이에요. 현재는 화폐금융박물관으로 사용하고 있답니다.

3

'보이지 않는 손'은 어디에 숨어 있나?

시장 경제와 가격의 결정 과정

- 밥 먹을 때 감사할 필요가 없다고?
- 이기적으로 사는 사람을 욕하지 말자!
- 누가 옥동자를 조종하는 걸까?
- 보이지 않는 X맨, 넌 누구냐?
- 모두 행복하기엔 뭔가 조금 부족해

관련 단원 : 중학교 사회 3 IX-2 시장의 균형 가격 | 고등학교 경제 II-2 시장 가격의 결정과 변동

호박엿
1000원!

얼마에 팔고 싶으세요?

BUS

자아~, 호박엿이 한 봉지에 1,000원!
흠.
챙 챙 챙
호박엿
1000원!

좀 비싼가?
와~ 싸졌어.
호박엿
스윽
800원!!

에라~, 모르겠다!
좌르륵
!!
호박엿
500원!!

앗, 대박인데?
살까? 말까?

두 개 주세요!
어서 옵쇼~
착
호박엿
샥
1000원!

헉, 방금 전에 500원이었는데?
호박엿
1000원!

그건 손님이 없을 때 얘기고요.
살 사람이 많아지면 다시 올리죠.
허허허...
안 사!
호박엿
1000원!

밥 먹을 때 감사할 필요가 없다고?

저녁 식사 시간입니다. 입맛이 없습니다. 밥알을 깨작거립니다. 억지로 밥그릇을 비우긴 했지만, 밥그릇에 덕지덕지 붙어 있는 밥알까지 싹싹 긁어먹을 정성은 도무지 기울일 마음이 나지 않습니다.

식탁에서 일어나려고 하니까 아빠 표정이 심상치 않습니다.

"밥 깨끗이 먹어!"

아니나 다를까, 불호령이 떨어집니다. 그리고 월요일 조회 시간마다 듣는 교장 선생님의 훈화 말씀보다 12만 배쯤 지루한 아빠의 훈계가 시작됩니다.

"야, 너 이 쌀이 얼마나 귀한 건지 알아? 이 쌀 한 톨을 생산하기 위해서 우리 농민들이 얼마나 고생하는 줄 아냐고. 쌀

귀한 줄 알아야지. 농민들이 이 귀중한 쌀을 생산하기 위해 여름 뙤약볕 아래서 흘린 땀이 얼만데, 넌 감사하는 마음도 안 생기냐?"

21세기가 시작된 지 언젠데 아직도 귀한 자식 한 달 용돈을 4만 원만 주는 아빠의 쪼잔한 성격으로 볼 때, 지금 대들었다간 밥주걱으로 얻어맞을 것 같습니다. 그래서 꾹 참고 남은 밥알을 묵묵히 입안에 쑤셔 넣습니다.

밥풀 좀 남긴 게 무슨 죽을죄라고, 이렇게 길고 지루한 훈계를 들어야 하는지 속에서 억울한 마음이 치솟습니다.

혹시 이런 경험 해 본 적 있나요? 이렇게 말하는 아빠의 심정을 이해 못하는 바는 아닙니다. 하지만 대단히 슬프게도 앞의 사례에 등장하는 아빠의 말은 경제학적으로는 틀렸습니다. 혹시 여러분의 아빠가 저렇게 말씀하신다면 당당하게 대들어도 좋습니다. 대들 수 있는 논리는 이 책에서 제공할 테니까요. (그러나 밥주걱으로 맞는 일까지는 책임지지 않습니다.)

우리 밥상에 오르는 쌀은 농부들의 수많은 노고를 거친 것이 맞습니다. 하지만 경제학적으로 말하면 여러분이 쌀밥을 먹으면서 농부들에게 고마워할 필요는 없습니다. 왜냐하면 세상 그 어느 농부도 여러분에게 자비를 베푸는 마음으로 공짜 쌀을 제공하지는 않으니까요.

같은 논리대로라면 TV를 보면서 삼성전자 사장님에게 감사해야 하고, 자동차를 탈 때마다 현대자동차 사장님께 감사해야 합니다. 장담하건대 여러분의 부모님도 밥을 먹고 음료를 마실 때마다 해당 회사 사장님께 감사해하지는 않을 겁니다.

그래도 왠지 쌀은 농민들의 피와 땀이 섞인 생산품이니 좀 다르게 생각해야 할 것 같다고요? 경제학적으로 보면 세상 모든 물건에는 다 생산자들의 피와 땀이 섞여 있습니다.

좀 차갑게 들리나요? 하지만 이 말은 아빠한테 대들기 위해 누군가 지어낸 것이 아닙니다. 경제학의 아버지라 불리는 애덤 스미스가 남긴 불멸의 저서,《국부론》에 있는 얘기입니다. 경제학 역사상 가장 유명한 문구 하나를 소개합니다.

"우리가 저녁 식사를 할 수 있는 건 푸줏간 주인이나 빵집 주인, 술집 사장님의 자비 때문이 아니다. 오히려 그들이 자기 이익을 챙기려는 이기심 덕분이다."

스미스에 따르면 우리가 빵을 먹을 수 있는 것은 빵집 사장님이 자비로워서가 아닙니다. 빵집 사장님이 돈 벌려고 빵을 만들었기 때문이지요. 마찬가지로 우리 밥상에 쌀밥이 올라온 것도 농부의 아름다운 마음씨 때문이 아닙니다. 그들도 돈을 벌기 위해 쌀을 생산한 것이지요. 따라서 우리가 적당한 대가를 지불

하고 쌀을 샀다면 굳이 그 생산자에게 감사할 필요가 없다는 것이 스미스의 주장입니다.

물론 앞에서도 이야기했듯이 경제학적인 관점에서 볼 때 이렇다는 것입니다. 환경 문제나 식량 문제, 그리고 생산자의 노고를 생각하면 음식을 남기는 일은 당연히 피해야겠지요.

이기적으로 사는 사람을 욕하지 말자!

스미스는 왜 이런 주장을 펼쳤을까요? 빵집에서 외상으로 빵을 좀 사려다 거절을 당해서 이런 생각을 하게 된 것일까요? 어떤 사상가의 생각을 제대로 이해하기 위해서 반드시 해야 할 일이 있습니다. 그 사상가가 살았던 시대적 배경을 살펴보는 겁니다.

애덤 스미스는 18세기 사람입니다. 당시 세상의 중심이라고 부를 만했던 유럽은 철저한 기독교 사회였습니다. 기독교의 중심 사상은 금욕주의입니다. 금욕주의란 욕심을 갖지 않는다는 뜻입니다. 돈을 탐하지 말라, 돈만 아는 노예가 되지 말라, 검소하게 살아라……, 바로 이것이 18세기 유럽을 지배하던 사회 분위기였던 거죠.

또 한 가지, 당시 유럽은 신분제 사회였습니다. 귀족과 평민이 구분되어 있었죠. 그러니까 귀족은 자손 대대로 고귀한 사람들이었고, 평민은 자손 대대로 별 볼일 없는 사람들이었습니다.

:: 현대 경제 사상의 뿌리 – 스미스, 마르크스, 케인스

경제학의 역사를 살펴보면 위대한 경제학자들이 참 많이 등장합니다. '누가 가장 위대하냐?'와 같은 질문은 얼토당토않습니다. 경제학이라고는 하지만 그 안에는 경제학 외에 수많은 사상(철학, 사회학 등)이 녹아 있고, 경제학자마다 사상의 뿌리가 다르기 때문이지요. 누가 가장 위대한지는 감히 말할 수 없어도, 누가 현대 경제 사상의 뿌리가 되는 인물인지는 이야기할 수 있습니다.

바로 애덤 스미스, 카를 마르크스, 존 메이너드 케인스 세 사람입니다.

경제학의 아버지라고 불리는 애덤 스미스는 시장 경제의 기초를 닦은 사람입니다. 산업 혁명 시대에 초기 자본주의 시장 경제의 이론적 기반을 닦았지요. 자유로운 시장 경제가 부유한 나라를 만든다는 것이 스미스 이론의 기초입니다.

이후 정부가 시장에 개입하는 것을 반대하는 수많은 경제학자들의 이론이 나오게 되는데, 대부분이 바로 스미스의 저서 《국부론》에 그 이론적 기초를 두고 있습니다.

카를 마르크스는 공산주의를 만든 사람으로 널리 알려져 있습니다. 현대 사회를 이끈 가장 위대한 사상가로 꼽히는 인물이지요.

마르크스의 경제 이론은 모든 면에서 스미스와 정반대에 서 있었다고 보면 됩니다. 시장 경제의 반대인 계획 경제 이론은 마르크스로부터 출발한 것입니다. 마르크스는 정부가 완전히 통제하는 경제 체제를 목표로 삼았습니다. 시장 경제에 자유롭게 맡겨 둘 경우 힘 있는 사장님만 잘살게 되고, 힘없는 노동자들은 숙명적으로 헐벗고 굶주릴 수밖에 없다는 것이 그의 주장이었습니다.

자, 누가 스미스이고 마르크스이고 케인스인지 인상만 보고 맞춰 보시길. 그럼 더 오래 기억할 수 있을 겁니다. 정답은 다음 쪽에!

이후 마르크스 경제학은 1900년대 소련을 비롯한 수많은 사회주의 국가들이 생기면서 현실 세계에 적용됩니다. 하지만 노동자 중심의 계획 경제를 꿈꿨던 마르크스의 바람은 현실의 사회주의 국가에서 처절한 실패를 맛보게 되지요.

케인스는 스미스와 마르크스의 중간쯤 되는 사상을 가진 사람이었습니다. 케인스는 마르크스와 달리 자본주의를 지지했고 사회주의에 반대했습니다. 하지만 그는 스미스와도 달랐는데, 국가가 전혀 개입하지 않는 순수 시장 경제는 필연적으로 실패할 수밖에 없다고 생각했답니다.

따라서 그는 사회주의만큼은 아니어도 적절한 수준에서 정부가 시장에 개입해야 경제가 잘 돌아갈 수 있다고 주장합니다. 그러니까 케인스는 요즘 대부분의 나라들이 사용하고 있는 혼합 경제 이론의 원조 격으로 볼 수 있습니다.

주입식 교육 방법을 흉내 내서 이 내용을 그래프로 나타내 볼까요? 그러면 아마 이런 모양의 그래프가 나올 것 같습니다. 뭐, 이걸 꼭 암기하라는 건 아닙니다. 대충 이해만 해도 앞으로 경제를 공부하는 데 상당한 도움이 될 겁니다.

이때 바로 영국에서 산업 혁명이 일어나게 됩니다. 산업 혁명을 주도했던 것은 누구였을까요? 귀족이었을까요? 천만의 말씀입니다. 우아하게 말타고, 와인 마시고, 무도회장에서 춤추느라 바쁘셨던 귀족님들이 공장을 차리고 탄광에서 석탄 캐는 사업을 했을 리가요?

산업 혁명은 평민층에서 사업 능력이 있고 똑똑한 사람들이 주도하게 됩니다. 그리고 평민 중에서 산업 혁명을 통해 엄청난 부자가 된 사람들이 속속 등장하게 됩니다.

자, 여러분이 귀족이라고 생각해 보십시오. 이래 봬도 우리 집안은 수백 년 동안 백작 집안이었습니다. 우리 가문의 피는 고결하다고 생각합니다. 평민들? 어이구, 그런 애들하고는 더러워서 같이 못 어울립니다.

그런데 어느 날 평민들 가운데 돈을 엄청 많이 번 애들이 등장하기 시작합니다. 이 녀석들이 평민 주제에 좋은 집에 살고, 귀중품도 많이 사고, 먹을 것도 엄청 좋은 것만 먹습니다.

여러분 같으면 어떨까요? 은근히 속이 뒤틀리지 않나요? 천한 것들 주제에 돈 좀 벌었다고 거들먹거리다니. 우리 집안은 수백 년째 백작 집안인데 말이지요. 당연히 기분이 상합니다. 그래서 귀족들은 평민들이 아무리 돈을 많이 벌어도 철저히 무시합니다. 그리고 이렇게 말하지요.

"천한 것들! 금욕주의 몰라? 교회에서 돈 밝히지 말라고 그렇게 강조하건만, 신분도 천한 것들이 돈이나 밝히고 말이야."

이렇게 멸시당하던 평민 출신 사장님들은 속이 부글부글 끓습니다. 그리고 열망합니다. '아, 누군가가 나와서 저 말도 안 되는 귀족들의 논리를

한 방에 깨 줬으면 좋겠다.'라고요. 이때 그 말을 듣기라도 한 듯이, 평민 출신 사장님들을 구원하기 위해 애덤 스미스가 슈퍼맨처럼 '짜잔~' 하고 나타납니다.

'세상에 사는 사람들은 다 이기적이다. 농부는 착해서 곡식을 생산하는 것이 아니고, 빵집 아저씨는 다른 사람들의 배고픔을 해결하기 위해 빵을 만드는 것이 아니다. 농부건 빵집 아저씨이건 전부 돈을 벌기 위해서, 그러니까 자신을 위한 이기적인 마음에서 일을 하는 것이다.

그런데 이렇게 사람들이 다 이기적으로 자기를 위해서 열심히 일하면 세상에 문제가 생기는 것이 아니라 오히려 세상이 잘 굴러간다. 다른 것은 아무것도 필요 없다. 정부가 개입할 필요? 그딴 거 없다. 그저 사람들은 자기를 위해서 이기적으로 열심히 살기만 하면 된다. 그러면 세상은 아주 행

복하게 돌아간다.'

이것이 바로 스미스가 펼친 주장입니다. 스미스는 이 이론을 통해 '돈만 아는 천박한 평민 사장님들'의 입장을 100% 대변합니다. 오직 자기만을 위해 돈 벌려는 행동은 금욕주의에 위배되는 천박한 행동이 아니라, 세상을 평화롭고 행복하게 만드는 아주 중요한 경제적 행동이라는 것이지요.

스미스의 이론은 평민 사장님들로부터 열렬한 지지를 받습니다. 그리고 스미스의 이론이 인정받은 직후부터 돈벌레로 불리던 평민 사장님들의 지위가 말할 수 없이 높아집니다.

바야흐로 귀족의 시대에서 사장님의 시대, 그러니까 자본가라고 불리는 새로운 세력이 세상의 주인공으로 등장하기 시작한 것입니다.

누가 옥동자를 조종하는 걸까?

그렇다면 여기서 한 가지 의문이 듭니다. 스미스의 주장이 이해가 되긴 하지만, 과연 그 말이 맞느냐는 겁니다. 주장에는 근거가 있어야 합니다. 스미스는 어떤 근거로 이런 주장을 펼쳤을까요?

예를 들어 보겠습니다. 여러분 친구 중의 한 명인 옥동자는 나무로 조각하는 일을 아주 잘합니다.

어느 날 옥동자는 TV 드라마를 보다가 탤런트 이순재 선생님의 연기를 보고 감탄에 감탄을 거듭합니다. 그리고 급기야 인생에서 이순재 선생님

:: 성 안에 사는 사람, 부르주아

지금까지는 산업 혁명 시대에 공장을 기반으로 새로 등장한 신흥 세력을 '평민 사장님'이라고 불렀습니다. 그리고 이 평민 사장님들은 그야말로 시대의 대변혁을 이뤄 낸 중요한 사람들입니다. 수천 년 동안 지속되던 왕과 귀족 중심의 사회를 자본주의 사회로 바꾼 중심 세력이니까요.

이처럼 세계 역사에서 중요한 위치를 차지하는 이 평민 사장님들을 정식으로 부르는 단어가 있답니다. 바로 '부르주아'입니다. 요즘은 흔히 '잘 사는 사람'이라는 뜻으로 많이 사용하지요.

'부르주아'는 프랑스 말입니다. 이 말을 원어 그대로 쓰면 Bourgeoisie가 되는데 이중 bourg는 성(城)을 뜻합니다. Bourgeoisie는 말 그대로 풀이하면 '성 안에 사는 사람'이라는 뜻이 됩니다.

성을 한번 생각해 봅시다. 도시가 있으면 성이 있습니다. 적들이 쳐들어오면 성 안에 있는 게 안전할까요, 밖에 있는 게 안전할까요? 당연히 성 안에 있는 게 안전하겠지요.

그러면 성 안에는 누가 살까요? 왕이나 귀족이 주로 살았습니다. 슬프게도 평민들은 성 안에서 살 수 없었습니다. 가뜩이나 성이 솝아서 귀족들도 살기 힘든데 평민들까지 들어와 살게 해 줬겠어요'?

그러니까 성 안에 산다는 것은 중세 시대에 상당한 특권이었습니다. 그런데 새로 등장한 부르주아들은 평민이지만 엄청난 돈을 갖고 있었습니다. 그래서 이들은 돈의 힘으로 하나 둘씩 성 안으로 들어가 살게 됩니다. 그러다가 성 안에 부자인 평민들이 모여 살게 됩니다. 이때부터 귀족은 아니지만 성 안에서 사는 신흥 부자들을 성 안에 사는 사람, 즉 부르주아라고 부르게 된 것이지요.

을 가장 존경하기로 합니다. 이순재 선생님과 사랑에 빠진 옥동자, 한참을 생각하더니 기막힌 아이디어를 떠올립니다.

'이렇게 훌륭한 연기자는 나뿐만 아니라 우리 반 친구들도 엄청나게 좋아할 거야. 그러니까 좋은 나무를 사서 이순재 선생님의 얼굴을 조각하는 거지. 이걸 팔면 큰돈을 벌 수 있을 거야. 이렇게 훌륭한 연기자의 얼굴 조각은 누구나 다 사려고 할 테니까.'

그리고서 옥동자는 4만 원을 주고 원목을 삽니다. 며칠 밤을 샌 결과 본인이 보기에도 꽤 흡족한 조각품이 완성됩니다.

옥동자는 완성된 조각품을 학교로 갖고 갑니다. 원목 값이 4만 원인데, 거기에 자기가 들인 노력 또한 만만치 않습니다. 그래서 옥동자는 조각품을 10만 원에 팔기로 합니다.

옥동자는 교실에서 친구들에게 조각품을 공개합니다.

"단돈 10만 원이면 위대한 탤런트 이순재 선생님의 얼굴 조각품을 가질 수 있다! 자, 10만 원을 들고 물밀듯이 내 앞에 줄을 서도록 하라!"

이건 뭐……, 여러분이 옥동자의 같은 반 친구라면 어떤 생각을 하겠습니까? 한마디로, 바보죠. 그러니까 옥동자는 그냥 바보 인증한 겁니다.

누가 김수현이나 공유도 아닌, 이순재 선생님(비록 훌륭한 연기자이긴 하지만ㅠㅠ)의 얼굴 조각품을 사려고 하겠습니까? 그것도 10만 원이나 주고 말이죠.

결국 옥동자는 원목 값이라도 건지려고 가격을 4만 원으로 낮춰 부릅니다. 하지만 "자꾸 귀찮게 하면 4만 대 맞는다."라는 친구들의 위협을 받고 결국 장사를 포기합니다.

집으로 돌아온 옥동자, 잠이 안 옵니다. 실패의 원인을 곰곰이 생각해 봅니다. 그리고 자기는 이순재 선생님을 존경하지만, 친구들은 그렇지 않다는 사실을 알아냅니다.

이대로 물러설 수는 없습니다. 오랜 고민 끝에 '그렇다면 친구들이 좋아하는 인물의 조각품을 만들면 팔리지 않을까?'라는 새로운 사실(애 빼고 다 알고 있던)에 눈을 뜹니다.

새로운 도전에 나섭니다. 이번에는 소녀시대입니다. 며칠 밤을 또 샜습니다. 이번에도 꽤 잘 만들었습니다. 학교에 갖고 갑니다.

반응이 어땠을까요? 완전 선풍적입니다. 10만 원에 사겠다는 친구, 12만 원에 사겠다는 친구, 이거 나한테 안 팔면 우리나라 교육의 문제점을 지적

하는 유서를 남기고 옥상에서 뛰어내리겠다는 친구 등 별의별 친구가 다 등장합니다. 결국 옥동자는 15만 원에 소녀시대 조각품을 팔고 아주아주 행복해졌습니다.

있을 법한 이야기인가요? 이 이야기는 애덤 스미스의 《국부론》에 나오는 실제 이야기를 조금 각색한 것입니다. 여기에서 한 가지 눈여겨봐야 할 것이 있습니다. 이야기의 배경은 학교인데, 선생님이 절대로 등장하지 않는다는 점입니다.

예를 들어 선생님이 "이순재 조각은 절대 만들지 마라! 그건 돈이 안 되니까."라는 식으로 막지 않습니다. 왜일까요? 선생님이 등장할 필요가 없기 때문입니다. 문제를 조율해 주는 선생님이 안 계셔도 시간이 흐르다 보면 자연스럽게 문제가 해결됩니다.

옥동자는 누가 가르쳐 주지 않아도, 실패를 통해 자신의 잘못을 배웁니다. 결국 선생님이 아닌, '보이지 않는 그 무엇'이 옥동자를 돈 버는 길로 조종을 하고 있는 것입니다.

보이지 않는 X맨, 넌 누구냐?

멀리 돌아왔습니다. 이제 우리는 옥동자를 바른 길로 인도한 그 보이지 않는 무엇을 만날 시간입니다. 그것은 바로 가격입니다.

경제학에서 가격은 수요와 공급에 의해 결정된다고 말합니다. 수요란

'사람들이 어떤 물건을 사려고 하는 욕구'라고 생각하면 됩니다.

수요는 물건 가격이 올라갈수록 약해지고 가격이 떨어질수록 강해집니다. 수박 한 통을 10만 원에 팔면, 수박 사 먹을 사람이 과연 몇이나 될까요? 반대로 수박을 한 통에 100원에 팔면 아마 수박을 사려는 사람들의 줄이 서울에서 대전까지 이어질 겁니다.

공급은 생산자가 돈을 받고 물건을 파는 겁니다. 그런데 공급은 수요하고 정반대의 움직임을 보입니다. 수박 농장 주인 아저씨는 수박 한 통 가격이 10만 원이면 호박밭을 갈아엎고 거기에 수박을 심는 한이 있어도 수박을 많이 생산하려고 할 것입니다. 반대로 수박이 한 통에 100원이라면 수박 농사를 지을 리가 없지요.

수요와 공급, 이 두 녀석은 항상 팽팽하게 맞섭니다. 수박 가격이 5,000원이라고 합시다. 싸다고 생각하는 사람이 많아 수요가 늘어납니다. 사려는 사람이 아주 많습니다. 그런데 수박 100통을 갖고 있는 수박 장수 아저씨가 곰곰이 생각합니다.

'이걸 왜 5,000원에 팔아야 하지? 지금 사려는 사람이 이렇게 많은데…… 가격을 더 올려도 되지 않을까?'

수박 장수 아저씨가 과감하게 가격을 2만 원으로 올려 봅니다. 그런데 너무 심했나 봅니다. 이번에는 수박이 너무 비싸다며 사려는 사람이 왕창 줄어듭니다. 가격이 오르니 수요가 줄어든 것이지요.

안 팔린 수박이 너무 많습니다. 수박 장수 아저씨는 큰 손해를 입게 생겼습니다. 수박이 상하기 전에 팔아야 하겠기에 이번에는 가격을 적당히 1만 원으로 내려 봅니다. 그랬더니 사려는 사람이 꽤 늘었습니다. 결국 아저씨는 수박 한 통에 1만 원을 받고 100통 모두 무사히 팔았습니다.

이 과정에서 아무도 수박 파는 것을 도와주지 않습니다. 모든 것이 저절로 이뤄졌습니다. 거래에 개입한 것이라고는 오직 하나, 바로 수박의 가격뿐입니다.

수박의 가격은 수요가 공급보다 많을 경우, 그러니까 사려는 사람이 팔려는 물건보다 많을 경우 자연스럽게 올라갑니다. 5,000원에서 2만 원으로 말이지요.

반대로 사려는 사람보다 팔려는 물건이 많으면 가격은 떨어집니다. 2만 원에서 1만 원으로요.

이 과정을 반복하다 보면 팔려는 사람과 사려는 사람, 양쪽이 모두 만족할 수 있는 한 가격에서 자연스럽게 만나게 됩니다. 수요와 공급이 일치하는 순간이 오는 거지요. 바로 그 값이 수박의 적절한 가격이 됩니다.

이처럼 가격은 사고자 하는 사람의 욕구와 팔고자 하는 사람의 물건을 적절하게 조절해 줍니다. 아무도 개입하지 않더라도, 세상이 알아서 잘 돌아갈 수 있게 만들어 주는 기특한 녀석입니다.

애덤 스미스는 이 가격을 **보이지 않는 손**이라고 불렀습니다. 보이지는 않지만 시장 경제를 알아서 잘 돌아가게 만들어 준다는 뜻이지요.

보이지 않는 손이 잘 돌아가도록 하기 위해서, 수박 장수 아저씨는 '어떻게 하면 수박을 가장 좋은 가격에 많이 팔까?'라는 이기적인 생각만 하면 됩니다. 또 수박을 사먹는 소비자들은 '어떻게 하면 맛있는 수박을 싸게 많이 사 먹을 수 있을까?'라는 이기적인 생각만 하면 되지요. 이렇게만 하면 수박이 제 가격에 사고 팔리는 행복한 세상이 됩니다.

모두 행복하기엔 뭔가 조금 부족해

수요와 공급에 의해 가격이 결정되는 과정은 우리 주변에서도 얼마든지 찾아볼 수 있습니다. 사실 아주 논리적으로 말하지는 못하더라도, 세상 사람 대부분 대략적으로는 알고 있는 이치이기도 합니다.

하지만 경제학적 시각으로 볼 때 정말로 중요한 것은 수박 값이 오르고 내리는 것이 아닙니다. 중요한 것은 오히려 '세상 모든 사람들이 열심히 이기적으로 자기 이익만 추구하면, 보이지 않는 손인 가격이 세상을 행복하게 조절해 줄 것'이라는 스미스의 근본 사상입니다.

스미스의 사상이 현대 경제에 미친 영향은 상상을 초월합니다. 200년이 넘는 현대 역사 속에서 스미스의 철학이 세상을 지배한 시대가 150년이 넘습니다. 그리고 수세기가 지난 지금도 스미스의 철학에 기초한 정치인들이나 경제학자들이 무수히 많습니다. 그의 이론을 발전시켜 노벨 경제학상을 탄 학자들도 셀 수가 없을 정도이지요.

그런데 한 가지 주목할 점은 스미스의 경제학이 그토록 현대 자본주의에 지대한 영향을 미쳤지만 그의 말이 100% 진리로 인정받지 못했다는 것입니다. 스미스의 사상은 세상의 절반을 지배하고 있습니다. 바로 그렇습니다. 그의 경제학은 지금 세상의 딱 절반만 지배하고 있습니다.

왜 전체가 아니고 절반일까요? 그렇다면 나머지 절반은 어떤 이유로 스미스의 의견에 찬성하지 않는 것일까요?

스미스의 '보이지 않는 손'이 세상의 절반밖에 설득하지 못한 이유는 1900년대 초반 미국에서 벌어진 역사적 사건 때문입니다. 바로 현대 자본주의 역사상 가장 참혹했던 시기로 기록된 '대공황'이 그것입니다.

그러면 이제 다음 장에서 스미스의 반대편에 선 또 다른 세상의 절반을, 대공황이라는 사건을 통해 만나 보도록 하겠습니다.

천재 경제학자의
아이스크림 케이크 나누기

우리나라 경제학계에는 안타깝게도 젊은 나이에 세상을 떠난 김태성 교수님이라는 분이 계셨습니다. 교수님께서는 당시 우리나라 경제학계를 이끌어 갈 천재 경제학사로 이름이 높던 분입니다.

학생 시절, 미국으로 유학 가기 전에 국내에서 그를 지도하던 스승이 추천서에 딱 한 줄을 적었다고 합니다.

"얘는 천재입니다."

이번에는 미국에서 공부를 시작한 그를 가르치던 미국 스승이 한국 스승에게 답장을 보냈답니다. 그 답장도 딱 한 줄이었다고 하네요.

"가르쳐 보니 정말로 천재더군요."

이렇게 인정받던 천재 교수님께서(나는 이 천재 교수님께 경제학을 배우는 행운을 누렸습니다. 네? 성적이요? 당시 내 성적은 묻지 말아 주길.) 경제학

을 강의하면서 이런 설명을 하신 적이 있습니다.

교수님 집에 두 딸이 있는데, 아이스크림 케이크를 하나 사서 집에 들고 갑니다.

그리고 첫째에게 케이크를 주면서 이렇게 이야기합니다.

"자, 동생하고 나눠 먹게 그 케이크를 두 조각으로 잘 잘라 봐. 그런데 조건이 하나 있단다. 자르는 건 네가 자르지만, 어느 조각을 먹을지는 동생이 결정할 거야."

언니는 곰곰히 생각합니다. 물론 언니는 케이크를 많이 먹고 싶죠. 그렇다면 어떻게 자르는 것이 언니에게 가장 유리할까요?

처음에는 큰 조각을 먹을 욕심으로 하나는 엄청 크게, 하나는 작게 자릅니다. 그러나 결과는 비참합니다. 케이크 선택권을 가진 것은 동생이니까요. 동생이 냉큼 큰 조각을 들고 가 버립니다.

이번에는 동생을 속이기 위해 엇비슷하게, 하지만 한쪽이 아주 약간 크게 잘라 봅니다. 하지만 동생은 바보가 아닙니다. 신중하게 케이크 크기를 비교한 뒤, 역시 큰 조각을 가져가 버립니다.

여기서 언니는 엄청난 발견을 합니다. 언니가 케이크를 더 많이 먹는 방법은 절대 없다는 사실을요. 그리고 자신에게 가장 유리한 방법은 케이크를 딱 절반으로 자르는 것이라는 사실을요.

수요와 공급이 줄다리기를 하다가 적절한 가격에 도달한다고 설명을 했지요. 그런데 수박 장수 아저씨는 적절한 가격을 어떻게 알아차릴까요? 누가 설명해 주는 것도 아닌데요.

이 질문에 대한 경제학의 대답은 "저절로 알게 된다."는 겁니다. 바로 아이스크림 케이크를 정확하게 반으로 잘라야 한다는 사실을 깨달은 언니처럼 말이지요.

수박 장수 아저씨는 수박을 2만 원에도 팔아 보고 5,000원에도 팔아 봅니다. 아이스크림 케이크를 이렇게도 잘라 보고, 저렇게도 잘라 보는 언니처럼 말이지요.

하지만 실제로 수박을 팔아 보면 어떤 경우도 자기에게 가장 유리한 가격이 아니라는 사실을 경험을 통해 알게 됩니다. 이렇게 해도 불리하고, 저렇게 해도 불리하고…….

그러다 결국 '아, 수박은 1만 원에 100통을 파는 게 가장 유리하겠구나!'라는 사실을 자연스럽게 깨닫게 되는 것이지요.

4

캘리포니아산 오렌지를 땅에 묻지 마오

대공황의 역사

- 묻어야 산다?
- 보이지 않는 손, 잠깐 졸고 있었니?
- 그러니까 정부가 일을 해야 한다고!

물건 좀 사세요~

돈 좀 주세요~

아오~,
왜 이렇게
장사가 안 돼?!

안 사?
돈이
없어요.
잉 어 빵

돈이 왜
없어??
잉어 님이
우릴 해고
했잖아요!
??
잉 어 빵

그야 너희들 없이도
충분히 만들 수 있으니까.
완전 자동 생산
후훗~
잉 어 빵

기계들이랑
잘 먹고 잘 사세요,
저흰 갑니다!!
어, 잠깐!
훌쩍…
잉어빵
탁

너희들이 해고되어서
돈이 없으면 내
잉어빵도 안 팔리고
이대로 계속 팔리지
않는다면 모두
버려야 하잖아?!
중얼 중얼
힐끔 힐끔

그럼 그 전에
내가 다 먹어
치워야겠네.
헐……,
장난 아니다.
와르르르
버릴 순 없지!!
잉 어 빵

묻어야 산다?

오렌지 가격이 곤두박질쳤습니다. 농장 주인들은 가치가 없어진 오렌지를 땅에 묻어 버렸습니다.

그때 농장 밖에서는 영양실조에 걸린 사람들이 오렌지를 훔쳐 먹으려고 땅을 파고 있습니다. 그러나 농장 주인들은 이를 허락하지 않았습니다. 오렌지를 훔치려던 사람들은 경비원 총에 맞아 죽었고, 운 좋게 살아난 사람들은 붙잡혀 감옥에 갔습니다.

화가 난 빈민들이 항의 집회를 열었지만 소용이 없습니다.

아프리카 어느 가난한 나라에서 일어난 일이 아닙니다. 이 일은 풍요로움의 상징인 미국 캘리포니아에서 1930년대에 벌어졌던 상황입니다.

제1차 세계 대전이 끝나면서 미국은 세계에서 가장 부유한 나라가 되었습니다. 농업과 공업 모든 면에서 미국은 유럽 국가들을 제치고 최강국의 자리에 올라섰지요. 그랬던 미국이 삽시간에 아프리카의 가난한 나라처럼 돌변해 버렸습니다. 사람들은 일자리를 잃었고 굶어 죽었습니다.

이 시기는 세계 경제 역사 가운데 대단히 중요한 상황으로 기록됩니다. 역사학자들은 이때를 일컬어 대공황이라고 부릅니다.

대공황으로 수많은 사람이 굶어 죽었습니다. 그런데 여기서 사람을 더욱 비참하게 만들었던 것은, 당시 미국에 먹을 것이 부족하지 않았다는 사실입니다. 캘리포니아 농장의 상황에서도 알 수 있듯이 오렌지가 남아돌아 농장 주인들은 이를 땅에 묻어 버릴 정도였습니다.

물건도 마찬가지였습니다. 상점에는 생필품이 산더미처럼 쌓여 있었는데, 정작 사람들은 비누 하나 구하지 못해 쩔쩔매다 더러운 환경에서 병에 걸려 죽어 갔지요.

1931년 대공황기의 미국에서 무료 급식을 받기 위해 줄을 선 실업자들의 모습입니다.

왜 이런 일이 벌어졌을까요? 원인을 알아보기 전에 잠깐 옛날 영화 한 편을 살펴보겠습니다.

1940년에 만들어진 〈분노의 포도〉라는 영화입니다. 1939년 출판된 존 스타인벡의 장편 소설《분노의 포도》를 영화로 만든 것입니다. 원작 소설은 1940년 퓰리처상을 수상했지요. 소설은 세계 문학사에 기록된 명작이고, 영화 또한 영화사에 길이 남을 걸작입니다.

영화에는 대공황 당시 미국 농민들의 처절한 모습이 잘 표현되어 있습니다. 하지만 그 처참한 대목은 일단 빼고, 대공황의 원인을 짐작할 만한 한 장면만 살펴보겠습니다.

주인공 가족은 오클라호마에서 소작농이지만 농사를 지으며 행복하게 살고 있었습니다. 그런데 어느 날 번듯하게 차려입은 농장 주인의 대리인이 찾아옵니다.

"우리 농장에서 다 나가 줘야겠어. 더 이상 곡식을 거두는 일꾼은 필요가 없어. 트랙터 한 대가 사람 열 명 몫을 하거든. 그러니까 너희들은 여기서 더 일할 필요가 없는 거지."

"말도 안 돼요. 우리보고 우리 땅에서 떠나라고요? 지금 아이들은 먹을
것이 부족하고 누더기를 걸치고 있는데……. 우린 떠날 수 없어요."
"웃기는 소리 하지 마. 여기는 너희 땅이 아니야. 이 땅의 주인은 쇼니 랜
드와 커틀랜드 컴퍼니라고."
"그럼 사장님을 만나 사정을 이야기해 보겠어요."
"소용 없어. 사장님도 은행이 시키는 대로 할 뿐이니까."

이 짧은 대화에서 무엇을 느낄 수 있나요? 당시 비참했던 미국인들의 삶
을 알 수 있습니다. 하지만 그것 말고도 이 대화에는 미국 대공황의 핵심
원인이 담겨 있습니다. 그것은 바로 급속한 기계화가 가져온 대규모 실업
사태입니다.

보이지 않는 손, 잠깐 졸고 있었니?

앞 장에서 우리는 애덤 스미스의 이론에 대해 알아봤습니다. 스미스는
사람들이 이기적으로 열심히 살기만 하면, 세상은 알아서 훌륭하게 돌아
간다고 주장했지요.

그리고 그 역할을 하는 것이 바로 보이지 않는 손, 가격입니다. 가격이
수요와 공급 사이에서 줄타기를 하면서 수요와 공급을 조절해 준다는 것
입니다.

스미스의 말이 맞다면 수요와 공급은 항상 일치하게 되어 있습니다. 가격이 적절한 수준을 저절로 찾아 줄 테니까요. 그렇다면 상점에는 절대 남는 물건이 없어야 합니다.

그런데 대공황 시절에는 물건이 남아돌았습니다. 이미 살펴봤듯이, 상점에는 곡식이 산더미처럼 쌓여 있었지만 사람들은 그것을 살 돈이 없었습니다.

다시 풀어 쓰면 공급은 많은데 수요가 없다는 뜻입니다. 이 경우 스미스에 따르면 보이지 않는 손이 등장해야 합니다. 수요가 공급보다 적으므로 저절로 곡식 가격이 떨어져야 하는 것이죠. 그리고 가격이 떨어지면 사람들은 곡식을 사려고 나설 것입니다. 수요가 늘어나니까요.

그런데 대공황 시기에는 이런 현상이 일어나지 않았습니다. 어디선가 누군가에게 무슨 일이 생기면 틀림없이 '짜잔~' 하고 나타난다는 보이지 않는 손이 어디선가 놀고 있었던 걸까요?

이유는 이렇습니다. 수요가 없으니 곡식 가격이 내려가긴 했습니다. 여기까지는 가격이 제 역할을 했습니다.

그런데 다음 단계에서 문제가 생겼습니다. 곡식 가격이 내렸으니 당연히 곡식에 대한 수요가 늘어야 합니다. 그런데 수요라는 것은 기본적으로 사려는 사람에게 돈이 있어야 생기는 것입니다. 곡식 가격이 아무리 내려도 돈이 없는 한 수요가 생길 수 없지요.

하지만 불행히도 당시 미국 사람들에겐 돈이 없었습니다. 곡식 값이 100만 원이건 1,000원이건 간에 아예 돈이 없었던 겁니다. 그러니 곡식 값이

:: 미국이 거덜났다고? 대공황의 기록들

대공황 시절의 참상은 기록된 것만 살펴봐도 눈뜨고 볼 수 없을 지경입니다. 공황 직전까지 미국은 세계 경제의 제왕이었습니다. 부의 상징인 금 보유량을 보면, 당시 세계 금의 60%가 미국 금고에 몰려 있었답니다.

겉보기엔 돈방석에 올라앉은 것 같아 보였던 미국 내부의 모습은 달랐습니다. 1932년 미국의 실업자는 5,000만 명을 넘어섰습니다. 노동자의 임금은 3분의 1로 주저앉았고, 공산품 생산은 절반으로 줄어들었습니다. 세계 무역 거래량도 3분의 1토막으로 감소했습니다.

경제학에서는 % 수치에 대한 이해가 매우 중요합니다. 예를 들어 어느 나라에서 경제 성장률이 작년에 5%였는데 올해에는 7%라면, 이건 엄청난 경사입니다. 단 2% 포인트만 올라도 그 나라 경제는 엄청나게 발전을 한 것이니까요.

반대로 한 나라가 작년에 5% 성장을 했는데 올해는 −7% 성장률을 기록했다고 합시다. 이 경우 한 해에 12% 포인트 정도 뒤로 후퇴한 것입니다. 고작 12% 정도이지만 실제로 이런 일이 벌어진다면 이 나라는 거의 부도 위기에 몰린 것입니다. 그만큼 12%라는 수치가 주는 부담이 큰 것이지요.

그런데 대공황 시절 미국은 국민 임금의 70%가 날아갔고, 공산품 생산의 50%가 사라졌습니다. 이 정도면 나라가 망한 정도가 아니라 완전히 거덜이 났다고 해도 과언이 아닙니다. 당시 경제 위기가 얼마나 심각했는지 짐작이 가고도 남는 끔찍한 수치입니다.

아무리 떨어져도 수요가 늘어날 리가 없습니다.

가격을 아무리 떨어뜨려도 사려는 사람이 없으니 파는 사람은 환장합니다. 그렇다고 원가가 1만 원인 곡식을 10원에 팔 수는 없습니다. 팔아 봤자 손해니까요. 사정이 이렇다 보니 파는 쪽에서는 아예 곡식을 갖다 버리는 쪽을 택합니다.

이래서 한쪽에서는 굶고, 한쪽에서는 남아도는 곡식을 땅에 묻어 버리는 황당한 일이 벌어집니다.

대공황을 통해 실로 중요한 사실을 새로 알게 됩니다. 가격을 통해 수요와 공급이 항상 조화를 이룬다는 스미스의 말은 사람들이 물건을 살 수 있는 최소한의 돈이 있을 때에만 들어맞는다는 사실을 말입니다.

다시 영화 〈분노의 포도〉로 돌아갑시다. 우리가 살펴본 이 영화의 한 장면, 기억하나요?

농장 주인의 대리인은 농민들에게 이렇게 말했습니다.

"우리 농장에서 다 나가 줘야겠어. 더 이상 곡식을 거두는 일꾼은 필요가 없어. 트랙터 한 대가 사람 열 명 몫을 하거든."

바로 이 점이 문제였습니다.

미국은 제1차 세계 대전 이후 경제 발전을 거듭합니다. 그리고 새로운 기계들이 계속 도입되면서 물건을 생산하는 속도가 엄청나게 빨라집니다.

트랙터 한 대가 사람 열 명 몫을 하게 된 것이지요. 그러면 트랙터에 밀려난 사람은 어떻게 될까요? 일자리를 잃거나 더 열악한 일자리를 찾아가야 했습니다. 실제 영화에서도 농장에서 쫓겨난 주인공은 다른 농장으로 옮깁니다. 그곳에서 그는 복숭아 1톤을 따면 겨우 50센트를 받는 살인적인 노동 환경에서 일하다 숨집니다.

기계 탓에 사람들은 일자리를 잃고, 국민들은 돈이 없으니 물건이 더 안 팔리고, 물건이 안 팔리니 공장이 망하고, 공장이 망하니 국민들이 더 가난해지고……. 이 지겨운 악순환이 시작되면서 미국은 자본주의 역사상 가장 참혹한 대공황 시기를 맞게 된 것입니다.

그러니까 정부가 일을 해야 한다고!

이제 스미스, 마르크스와 함께 가장 유명한 3인방으로 불리는 존 메이너드 케인스를 만나 볼 시간입니다.

미국이 대공황으로 시름하고 있을 때 이를 막을 구원 투수 케인스가 등장합니다. 케인스는 등장하면서부터 "가격이 모든 것을 알아서 조절해 준다고? 그러니까 정부가 아무 일을 하지 않더라도 위기는 해결된다고? 그건 모두 헛소리야!"라고 소리쳤습니다.

케인스가 이때 주목한 것은 국민들의 소득이 압도적으로 낮으면 수요와 공급이 절대 조화를 이룰 수 없다는 사실입니다. 그래서 케인스는 문제의 해결을 위해 어떻게든 국민들의 소득을 높여야 한다고 생각했습니다. 일자리를 주고, 월급을 주고, 그래서 사람들이 뭔가를 살 수 있는 능력을 갖춰야 수요가 생기겠죠. 수요가 생겨야 수요와 공급이 균형을 이루건 말건 할 것 아니겠어요?

그런데 무슨 수로? 안 그래도 물건이 안 팔려서 문 닫는 공장이 널려 있는데 무슨 수로 국민들에게 일자리를 줄까요?

바로 여기서 케인스는 스미스를 뛰어넘는 놀라운 발상을 합니다. 정부가 나서야 한다는 것입니다.

스미스는 정부야말로 경제에 절대 개입하지 말아야 한다고 주장했습니다. 그러나 케인스는 반박합니다. "정부가 나서지 않아서 우리가 지금 이 고생을 하고 있는 거야!"라고 말이지요.

케인스의 생각이 어느 정도였는지를 보여 주는 유명한 글 한 대목을 소개합니다.

정부가 딱히 할 일이 생각나지 않으면 빈 병에다 돈을 잔뜩 넣어서 탄광에 묻어 놓으세요. 그리고 그 위에 쓰레기를 쌓아 두는 겁니다. 그리고 사람들을 부르세요.

저 안에 돈이 묻혀 있으니 파서 쓰라고 말이죠. 이렇게 하면 사람들은 땅을 파는 일을 시작할 겁니다. 그리고 병에 들어 있는 돈을 갖게 되겠죠. 사람들에게 소득이 생길 겁니다. 돈이 생긴 사람들은 물건을 살 것이고, 그러면 공장도 제대로 돌아가게 됩니다.

정부가 진짜 아무것도 할 일이 없다면 그냥 이런 짓이라도 하세요. 그게 아무것도 안 하는 것보다 훨씬 나으니까요. 하지만 이성적으로 생각하면 이런 짓보다는 정부가 도로나 주택을 만드는 게 더 좋긴 하겠죠.

빈 병에 돈을 채워서 묻는 일이야말로 정말 한심한 짓입니다. 하지만 케인스는 단언하죠. 그 한심한 짓이라도 정부가 해야 하며, 그것이 아무것도 안 하는 것보다 훨씬 더 낫다고 말입니다.

하지만 정부가 TV나 자동차 등 일반 기업들이 만드는 것을 생산할 수는 없는 노릇입니다. 그렇게 하면 정부는 기업과 경쟁을 해야 합니다. 당연히 기업들이 반발할 것이고 충돌도 일어날 수 있습니다. 시장 경제의 뿌리가 흔들릴 수도 있겠지요.

그래서 케인스는 정부에게 '일반 기업들이 하지 않는 독특한 일'을 하라고 요구합니다. 예를 들어 도로를 짓거나, 댐을 만들거나, 철도를 놓거나 하는 일들 말입니다.

이런 일들은 일반 기업들의 경우 당장 돈이 되지 않으니까 거들떠보지 않습니다. 하지만 일단 누군가 지어 놓고 나면 나라 전체를 더 효율적으로 움직이는 훌륭한 기능을 하게 됩니다. 그렇다면 이걸 누가 해야 할까요? 바로 정부가 해야 한다고 케인스는 독촉합니다.

정부가 나서서 이런 일을 함으로써 국민들에게 일자리를 주고, 또 이를 통해 최소한의 수요가 만들어지도록 해야 한다는 것입니다.

케인스가 대공황을 끝낼 이론적 기반을 마련했지만, 이론은 현실에 적용해야 효과가 있습니다. 케인스가 "정부야! 빈 병에 돈을 넣어서 땅에 묻기라도 해라, 제발!" 하고 아무리 외쳐도 정부가 말을 듣지 않으면 소용이 없었겠죠.

이때 케인스의 말에 귀를 기울인 미국의 지도자가 등장합니다. 미국 최초의 4선 대통령인 프랭클린 루스벨트가 1933년에 대통령으로 당선된 것입니다. 그는 케인스의 말대로 대공황을 극복하기 위해 정부가 무엇이 되었든 간에 해야 한다고 생각했습니다.

여기서 루스벨트는 그 유명한 **뉴딜 정책**을 들고 나옵니다. 그리고 우선 테네시 강에 다목적댐을 건설하기 시작했습니다. 댐을 만들어 강을 개발하고, 수력 발전을 통해 전기도 생산하려는 목적이었죠.

국민들이 굶어 죽는데 왜 한가하게 댐 공사를 하냐고 생각할지 모르겠

:: 히틀러의 독재가 독일을 경제적 위기에서 구했다고?

실제로 케인스의 이론을 100% 완벽하게 증명한 나라가 있습니다. 제1차 세계 대전의 패전국인 독일입니다.

독일은 전쟁에서 진 후 빚더미에 올랐습니다. 도저히 재기가 불가능한 것처럼 보였지요. 하지만 독일은 미국과 다른 유럽 국가들이 대공황으로 시름시름 앓는 사이 곧 다시 일어섰고, 제2차 세계 대전을 일으킬 정도의 강국으로 발전했습니다.

여러 가지 원인을 꼽을 수 있겠지만, 경제학적으로는 히틀러의 독재가 가장 큰 이유입니다. 히틀러는 제2차 세계 대전을 일으키기 위해 국가 경제를 완전히 통제했습니다. 그러고는 유대 인을 학살하기 위해 감옥을 짓고, 전쟁을 준비하기 위해 국민들을 마음대로 동원했지요.

그런데 이런 몹쓸 짓들이 대공황 시기에 의외로 독일에 행운을 가져다 줍니다. 히틀러가 경제학에 남달리 조예가 깊어서 그런 것은 아니었겠지만, 케인스의 말대로 히틀러의 독재 아래 정부가 시장에 적극적으로 개입하여 국민들에게 일자리를 푸짐하게 제공했던 것입니다.

감옥을 새로 짓고 전쟁을 준비하는 데 얼마나 많은 국민늘의 일손이 필요했겠어요? 그 덕에 일자리가 늘어나고 국민들의 소득도 늘어났습니다. 그 바람에 수요도 충분해집니다. 결국 독일은 미국과 유럽처럼 물건이 남아돌아 고생하는 일 없이 대공황 시기를 견딜 수 있었던 것입니다.

히틀러의 몹쓸 독재가 하필이면 대공황을 극복하는 수단이 된 것이 참 아이러니합니다. 역사는 이렇듯 풀지 못할 모순으로 가득하지요.

미국 대통령 루스벨트의 뉴딜 정책 중 하나로, 루이지애나 주청사를 짓는다는 내용의 알림판입니다.

습니다만, 이 발상이야말로 케인스의 이론을 십분 활용한 것이었습니다. 루스벨트의 생각은 댐을 짓는 것도 중요하지만, 그보다 정부가 뭔가 일을 시작해 국민들에게 일자리를 줘야 한다는 것이었으니까요.

이외에도 루스벨트는 각종 정책을 통해 시장 경제에 깊숙이 개입하기 시작합니다. 그 가운데 가장 중요한 것이 **최저 임금 제도**의 도입입니다.

최저 임금제란 기업이 노동자에게 반드시 최소한의 금액 이상을 월급으로 지급해야 한다는 규정입니다. 이전까지만 해도 사장님이 얼마를 주고서 노동자를 부려먹건, 정부는 간섭하지 않았습니다. 하지만 이 뉴딜 정책의 시행으로 미국의 노동자들은 최소한 먹고살 돈을 마련할 수 있게 되었습니다.

이는 단순히 '가난한 사람을 돕자'는 차원의 일이 아니었답니다. 최소한의 수요가 있어야 경제가 돌아간다는 케인스의 지적을 실행에 옮긴 것이지요.

또 루스벨트는 현대 자본주의 역사상 처음으로 **사회 복지 정책**을 펼치기 시작합니다. 실업자에게 보험금을 지급하고 일할 능력이 없는 노인과 극

:: 스미스와 케인스, 정반대의 캐릭터

애덤 스미스와 존 메이너드 케인스는 경제학 역사에서 항상 대립되는 인물로 나옵니다. 그런데 재미있는 것은 그들의 실제 캐릭터도 학문만큼이나 대조적이었다는 겁니다. 자유방임주의를 주장했던 스미스는 왠지 귀족적이고 돈을 밝힐 듯한 느낌이 들지요. 반대로 가난한 국민들을 위해 어떻게든 정부가 개입해야 한다고 주장했던 케인스는 친근한 서민 같은 느낌을 줍니다.

하지만 현실은 반대였던 모양입니다. 스미스에 대한 기록을 살펴보면 대부분 그를 겸손하고 따뜻한 사람으로 묘사합니다.

유명한 일화가 있습니다. 그가 대학교 교수로 재직할 때 사정이 생겨 강의를 학기 중간에 그만둬야 했습니다. 스미스는 수업료를 일일이 봉투에 담아 학생들에게 돌려줬지요. 그런데 학생들이 수업료를 되돌려 받지 않겠다고 버텼다고 합니다. 다른 교수에게 한 학기 꼬박 배웠던 것보다 훨씬 더 많이 배웠다는 이유였지요. 그러나 스미스는 수업료 봉투를 학생들 주머니에 강제로 집어넣은 뒤에야 마지막 강의를 마쳤다고 합니다.

이에 비해 케인스는 돈벌이에 아주 밝은 사람이었고, 또 가난한 사람을 위하는 따뜻한 마음을 가진 사람은 아니었던 것 같습니다. 그의 성격을 짐작하게 하는 일화는 여러 가지입니다. 젊은 시절 케인스가 가족에게 보낸 편지에서 가난한 근로자들이 사는 지역을 곰팡이에 비유하기도 하고, 열차 사고로 다친 수많은 사람들에 대해 '경마나 보러 가던 인간쓰레기들'이라는 표현을 쓰기도 했지요.

케인스는 경제학자 가운데 이례적으로 돈을 많이 번 사람입니다. 주식 투자로 당시에는 상상조차 할 수 없이 큰돈인 200만 달러를 벌었고, 모교의 재산을 10배로 불려 주기도 했지요. 또 명화와 옛 서적 수집, 발레 감상 등 귀족적인 생활을 했다고 합니다.

마음씨 따뜻한 스미스가 "실업자를 무상으로 도와서는 안 된다."고 주장하고, 돈에 밝은 케인스가 "실업자를 구제하기 위해 정부가 시장에 개입해야 한다."고 주장하고……. 이래서 경제와 사람 속은 알기 어려운 것 같습니다.

빈자, 장애인을 돕는 제도를 마련한 것이 지요.

루스벨트의 이 같은 뉴딜 정책은 확실히 효과를 발휘했습니다. 미국은 길고 길었던 대공황을 조금씩 벗어나기 시작합니다. 그리고 루스벨트는 1936년 미국 대통령으로 다시 당선되면서, 다음과 같은 유명한 말을 남깁니다.

"부유한 사람들을 더욱 부유하게 하는 것이 아니라, 가난한 사람들을 풍요롭게 하는 것이야말로 진보의 기준이다."

실전의 달인,
케인스의 투자 노하우

이론과 실전은 다른 법입니다. 이론적으로 아무리 뛰어나도 막상 실전에 뛰어들면 현실의 벽은 높기만 하지요. 뛰어난 이론가로 알려진 스포츠 해설자들이 대부분 왕년에 감독으로 맡은 팀을 화끈하게 말아먹은 경험이 있는 사람들이라는 것만 봐도 알 수 있습니다.

경제학이라고 예외가 아닙니다. 경제학자들은 뛰어난 이론가들입니다. 하지만 이들의 실전은 어땠을까요? 사실 경제학을 가르치는 교수님들조차도 주식 투자를 해서 망했다는 소문이 심심찮게 들리곤 하지요.

그런데 예외적인 인물이 있습니다. 바로 케인스입니다. 그러고 보면 케인스야말로 이론과 실전을 겸비한 경제학자였던 모양입니다. 케인스가 주식 투자에 남긴 유명한 이론이 '미인 대회 선발론'입니다.

전국적인 규모의 미인 대회가 열립니다. 선출 방식은 대국민 인기투

표입니다. 그리고 여러분에게 기회를 줍니다. 이번 미인 대회에서 1등 하는 후보를 미리 알아맞히면 상금 1,000만 원을 준다는 것이지요. 자, 여러분은 어떻게 해야 할까요?

1번부터 10번까지 후보를 쭉 보니 3번 후보가 완전 예쁩니다. 그야말로 자신의 이상형입니다. 그래서 3번을 우승자로 찍습니다.

현명한 행동일까요? 전혀 현명하지 않습니다. 지금 과제는 이상형을 찾는 것이 아니기 때문이지요. 이렇게 자기 눈에 맞는 후보를 고르면 실패할 확률이 무지 높아집니다.

어떻게 하는 게 현명할까요? 미인 대회 1위는 대국민 인기투표로 뽑는다고 했습니다. 그렇다면 1위를 맞히는 데 가장 유리한 선택은 '여러 사람들이 예쁘다고 생각할 만한 사람'을 고르는 것입니다. 나는 3번이 최고지만 주변 사람들한테 물어보니 5번이 제일이라고 합니다. 이럴 때에는 3번이 아니라 5번을 찍어야 상금의 주인공이 될 확률이 높아지는 겁니다.

케인스는 주식 투자도 마찬가지라고 말합니다. 투자에서 실패하는 사람들을 보면 "이 기업, 진짜 좋아. 내가 보기에 전망도 엄청 밝고 앞으로 큰돈을 벌게 해 줄 거야."라며 돈을 쏟아붓는다는 것이지요.

슬프게도 주식 가격은 자기가 좋다고 생각하면 오르는 것이 아닙니다. 따라서 '내가 보기에 좋은 주식'보다도 '남들이 보기에 좋아할 것 같은 주식'을 골라야 성공한다는 것이 케인스의 주장입니다.

케인스의 말이 100% 정답인지는 잘 모르겠습니다. 다만 확실한 것은 케인스가 미인 대회 이론으로 큰돈을 벌었다는 사실입니다. 그러니 이 이론이 아예 터무니없지는 않겠지요.

... 대공황

경제학에서는 공황을 '자본주의 체제의 근본적 모순이 순간적으로 폭발해 나타나는 경제 불황'이라고 정의합니다. 그러니까 공황은 순수하게 자본주의 시장 경제에만 해당되는 경제 불황입니다. 예를 들어 조선 시대에 가뭄이 들어 백성들이 굶어 죽었다면, 이건 공황이 아닌 셈이지요. 공황이 일어나는 모습은 여러 가지이지만, 원인은 보통 한 가지입니다. 바로 수요와 공급이 맞지 않아 생겨나는 것이지요. 대공황은 세계 자본주의 체제가 겪었던 공황 중에서 가장 심각한 것이었습니다. 오죽하면 이름도 '대'공황이었을까요.

... 실업

실업이란 일을 하고 싶은 사람들이 일자리를 얻지 못하는 것을 말합니다. 여기서 중요한 것은 '일을 하고 싶은 사람'입니다. 예를 들어서 4살짜리 예쁜 내 동생은 직업이 없습니다. 내 동생은 실업자일까요? 당연히 아닙니다. 4살짜리 어린이는 일을 할 수 없으니까요.

집에서 정성껏 나를 돌봐 주시는 엄마, 역시 직업이 없습니다. 그러면 실업자일까요? 당연히 아닙니다. 엄마는 일자리를 얻을 생각이 없습니다. 따라서 엄마도 '일을 하고 싶은 사람'에 포함되지 않습니다. 실업은 오로지 일을 할 의지가 있는 사람을 대상으로 하는 비율입니다.

이 비율은 수치가 낮더라도 절대 무시할 수 없습니다. 한 나라의 실업률이 10%라고 합시다. "열 명 중 한 명이 일자리가 없구나."라고 끄덕끄덕하면 안 됩니다. 여기서 한 명은 일할 의지가 있는 사람 중의 한 명이기 때문입니다.

예를 들어, 일할 의지가 있는 사람을 아빠라고 칩시다. 그런데 아빠가 실업자면 아빠 혼자 굶나요? 아니죠, 가족 전체가 다 굶습니다. 그러니까 한 나라의 실업률이 10%라고 하면, 그 실업자에 딸린 가족들까지 다 굶고 있다고 이해해야 합니다. 실제로 굶고 있는 국민의 숫자는 훨씬 많다는 뜻이지요. 2010년 우리나라의 실업률은 약 3% 정도였습니다. 같은 시기 실업률이 9%에 육박했던 프랑스를 가리켜 세계 언론은 '살인적인 실업률'이라고 불렀습니다. 참고로 대공황 때 미국의 실업률은 20%가 넘었답니다.

5

나는
세금이 싫어요!

세금을 내야 하는 이유

- 국가가 나한테 해 준 게 뭐야?
- 흑자가 좋은 거라는 생각은 이제 그만!
- 세금을 많이 내는 사람은 과연 누구일까?
- 네가 지난 임기에 한 일은 세금으로 알 수 있다

세금을 어디에 쓰는 거야?

도서관
박물관

물빛 초등학교
1+2
=?

도대체
말이지~.
우뚝
?

세금은 걷어서
어디에 쓰는 거야?
계속 보면서
걸어온 것 같은데요.

국가가 나한테 해 준 게 뭐야?

중세 시대에 두 농부가 만났습니다. 두 농부는 각각 다른 성, 다른 영주 밑에서 살고 있었지요. 농부 A가 푸념을 늘어놓습니다.

"우리 영주님 때문에 미치겠어. 안 그래도 흉년인데 올해 세금을 작년보다 더 많이 내라는군. 이런 영주 밑에서 살려니 허리가 휘어지네."

농부 B가 불쌍하다는 듯이 보다가 약간의 자랑을 합니다.

"에구, 힘들겠네. 우리 영주님은 항상 세금을 적게 받으려고 애쓰시는데. 올해도 세금을 작년보다 내리겠다고 하시더라고. 자네에 비하면 우리는 천국에서 사는 셈이지."

인류의 역사가 시작되고 왕과 지배 계급이 나타난 이래, 세금은 언제나 백성들을 힘들게 했던 심각한 문제였습니다. 역사 기록을 살펴보면 좋은 왕일수록 세금을 적게 걷었고, 못된 왕일수록 세금을 왕창 걷었지요. 백성들은 세금이 적었던 시기에 항상 행복했고, 세금이 많을수록 고달파했습니다.

사람은 경험을 중시하는 동물입니다. 세금에 대한 오랜 경험 탓에 사람들 머리에 '세금은 국민을 힘들게 하는 것'이라는 고정 관념이 자리를 잡았지요. 그래서 국가가 세금을 조금만 올리려고 하면 국민들은 얼굴 표정부터 확 구겨지며 욕을 퍼붓습니다.

성경에 보면 '세리'라는 단어가 나옵니다. 세리란 '요술공주 세리'나 '골프선수 박세리'가 아니고 세금을 걷는 사람을 말합니다. 요즘 말로 하면 세무 공무원쯤 되겠지요.

그런데 성경의 묘사를 잘 살펴보면, 세리는 거의 도둑놈보다도 못한 범죄자처럼 묘사됩니다. 당시 이스라엘 백성들이 세금을 걷는 이들에게 느끼던 반감이 어느 정도였는지를 잘 보여 주지요.

그럼 요즘 사람들은 어떻게 느낄까요?

다음은 초등학교 3학년 학생과 아빠의 실제 대화 내용입니다.

"아빠, 선생님이 그러는데요. 정부가 세금을 너무 많이 걷으면 안 좋대요. 그래서 세금 많이 걷는 사람은 선거에서 뽑으면 안 된대요."

"왜? 이유가 뭐라고 그러시던?"

"사람들이 열심히 일해서 번 돈을 정부가 강제로 가져가니까요. 왜 남의 돈을 정부가 빼앗아 가냐는 거지요. 안 그런가요?"

이 대화를 보면 성경에 나오는 이스라엘 사람들이나 21세기 우리나라 사람들이나 세금에 대한 반감이 얼마나 큰지 확실히 느낄 수 있습니다. 초

등학교 3학년에게는 설명하기 쉽지 않은 문제입니다. 하지만 여러분은 한 번쯤 깊이 생각해 볼 시기가 되었습니다.

한 개그맨이 이런 유행어를 만든 적이 있습니다.

"국가가 나한테 해준 게 뭐가 있어!"

세금은 나쁜 것이다, 세금을 많이 걷는 것은 나쁜 짓이다, 세금은 나라가 개인의 재산을 빼앗아 가는 것이다…….

우리는 이제 세금에 대한 오래된 고정 관념을 살펴볼 것입니다. 세금에 대한 고정 관념을 깨는 것이야말로 현대 자본주의 경제를 이해하는 데 매우 중요한 요소이기 때문이지요.

:: 악덕 착취자, 세리

이스라엘 민족은 세리를 범죄자와 같은 나쁜 놈으로 생각했습니다. 당시 역사를 상세히 기록한 성경에 보면 이런 대목이 있습니다.

> 예수가 예리코라는 지역으로 들어가다 자캐오라는 세리장(세리 가운데 책임자)을 만났다. 자캐오는 매우 부자였다. 자캐오는 예수가 어떤 사람인지 보려고 했으나 키가 작아 볼 수가 없었다. 할 수 없이 그는 무화과나무에 올라갔다. 예수가 그를 불렀다. "자캐오야, 거기서 내려와라. 내가 오늘 너희 집에서 자겠다." 자캐오가 몹시 기뻐하며 예수를 영접하자 사람들이 "예수가 죄인의 집에서 하루를 보낸다."라며 수군거렸다.

이건 좀 심하다는 생각이 듭니다. 예수가 자캐오의 집에서 하루 자기로 한 것을 보고 사람들이 대뜸 "예수가 죄인의 집으로 간다."고 수군거렸다지 않습니까? 세리가 미울 수는 있지만, 그렇다고 죄인은 아닙니다. 그런데 왜 이런 일이 벌어졌을까요?

이스라엘은 로마의 지배를 받고 있었습니다. 그런데 로마의 세금 걷는 방식은 관리들이 직접 세금을 걷는 게 아니고, 해당 지역 주민들 가운데 세리장을 뽑아서 맡기는 방식이었습니다. 세리장 후보자들 중 제일 많은 세금을 내겠다고 적어 낸 사람에게 세리장 직책을 주는 것이지요.

세리장이 세금으로 100만 원을 로마에 바치기로 계약했다면, 이 100만 원은 때려 죽여도 내야 합니다. 그러니 세리장은 세금을 맞추기 위해 백성들을 닦달하게 되지요. 또 세리장은 약속한 금액인 100만 원만 로마에 바치면 되므로 세금을 많이 걷을수록 자기한테 떨어지는 돈이 더 많이 생깁니다. 이 때문에 세리장들은 동포들을 더욱 악랄하게 착취했고, 사람들은 세리장을 '죄인'이라고 불렀던 것이지요.

흑자가 좋은 거라는 생각은 이제 그만!

우리는 앞 장에서 케인스의 주장을 살펴봤습니다. 그리고 루스벨트 대통령이 케인스의 이론을 어떻게 현실에 적용했는지도 알아봤지요. 정부가 나서서 각종 사업을 벌여 미국이 대공황을 탈출하게 되었다는 것이 핵심이었습니다.

그런데 이쯤에서 궁금한 점이 생깁니다. 정부가 사업을 벌여서 국민들에게 일자리를 주고 월급을 줬다는 건 이해가 갑니다. 하지만 댐을 짓건 철도를 놓건, 일하는 사람에게 월급을 주려면 정부가 돈이 있어야 합니다. 도대체 무슨 돈으로 이런 사업을 시작했을까요?

답은 물론 짐작했던 대로 세금입니다. 정부가 세금을 걷어서 사업을 시작한 것이지요.

하지만 궁금한 점이 여전히 남습니다. 그렇다면 루스벨트 이전 정부는 세금을 안 걷었을까요? 당연히 걷었을 겁니다. 모든 정부는 나라를 운영하기 위해 세금을 걷습니다. 군대도 유지하고 공무원들 월급도 줘야 하니까요.

하지만 루스벨트 정부는 이전 정부와 달리 댐도 짓고 철도도 놓아야 하기 때문에 훨씬 많은 세금을 걷어야 했습니다. 하지만 당시 상황이 세금을 많이 걷을 상황이었을까요? 그냥 공황도 아니고 '대'공황 시절이었습니다. 세금을 더 걷자고 해도 낼 사람이 없었던 때이지요.

루스벨트는 이 문제를 어떻게 해결했을까요? 해결 방법은 의외로 간단합니다. 모자라는 돈은 그냥 빚을 내서 해결한 것입니다.

경제학을 배우면서 우리가 버려야 할 고정 관념이 또 하나 있습니다. 바로 '빚은 절대로 내서는 안 된다.'는 생각입니다.

우리는 습관적으로 적자가 나면 안 되고 항상 흑자가 나야 한다고 생각합니다. 돈이 모자라 빌리는 상황이 되면 뭔가 불안하고, 인생을 잘못 살고 있는 것 같지요. 하지만 빚을 잘만 사용하면 훌륭한 자산이 될 수도 있습니다. (뒤에서 다시 설명할 겁니다!)

특히 정부의 경우가 더 그렇습니다. 정부가 운영하는 한 해 살림을 재정이라고 부릅니다. 세금을 걷은 뒤 그 돈을 여러 곳에 쓰는데, 수입이 지출보다 많으면 돈을 남긴 셈이지요. 이 경우를 재정 흑자라고 부릅니다. 반대로 걷은 세금보다 돈을 더 많이 쓰면 빚을 지게 되는데 이것을 재정 적자라고 부릅니다.

그렇다면 흑자가 더 좋은 걸까요, 적자가 더 좋은 걸까요? 당연히 흑자가 더 좋은 거라고요? 고정 관념을 버리라니까요!

정부는 돈을 버는 기업이 아닙니다. 국민을 위해 돈을 쓰는 곳이지요. 이런 정부가 흑자를 낼 필요가 있을까요? 정부가 돈 벌어서 꼬박꼬박 저축해 뭐에 쓰게요?

게다가 재정 흑자가 났다는 이야기는 정부가 필요보다 세금을 더 걷었다는 이야기입니다. 이 말은 국민들로부터 쓸데없이 세금을 더 걷었다는 것이지요. 이런 상황이 심해지면 정부가 중세 시대 봉건 영주처럼 됩니다. 국민들이 땀 흘려 번 돈을 정부가 마구 걷어 가는 것이지요. 그래서 재정 흑자가 반드시 좋은 것만은 아닙니다.

그렇다고 재정 적자가 반드시 좋은 것도 아닙니다. 걷은 세금보다 돈을 더 쓰면, 그게 다 빚입니다. 결국 정부는 이자를 물어야 하는데 정부가 그 이자를 무슨 수로 물겠습니까? 다음 해에 국민들에게 세금을 더 걷어서 메워야 하지요. 이것도 국민에게 부담이 됩니다.

어떤 것이 정답일까요? 사실 정답은 없습니다. 정부가 그때그때 상황에 맞춰 적절하게 적자와 흑자를 조절해야 합니다.

루스벨트의 경우 재정 적자를 감수하면서까지 활발한 정부 사업을 벌였습니다. 당시가 대공황 시기였다는 점을 감안하면 루스벨트의 이런 과감한 정책은 정답에 가깝습니다.

반대로 경제가 잘 돌아가고 있고, 굳이 사업을 확대하지 않아도 되는 시기에 쓸데없이 정부가 돈을 펑펑 써서 재정 적자가 나는 것은 잘못된 선택입니다.

결국 적자건 흑자건 상황에 맞게 정부가 현명한 판단을 내려야 합니다. 다만 꼭 명심해야 할 것은 한 나라의 재정 적자가 반드시 나쁜 것만은 아니라는 점입니다.

세금을 많이 내는 사람은 과연 누구일까?

중세 시대에만 해도 세금은 왕이나 영주들에게 가져다 바치는 돈이었습니다. 백성들의 피와 땀이 섞인 돈을 뜯기는 것이지요.

하지만 현대 자본주의에서 세금은 의미가 전혀 다릅니다. 우선 대통령은 왕이 아닙니다. 국민들에게 돈을 뜯어서 흥청망청 썼다가는 다음 선거에서 무조건 낙선하게 되어 있습니다. 왕과 달리 민주주의 사회에서는 국민들이 직접 지도자를 뽑기 때문이지요. 이 때문에 정치인들은 국민의 소중한 세금을 최대한 잘 활용하려고 노력합니다.

세금은 나라의 경제를 움직이는 아주 중요한 축입니다. 그렇기 때문에 앞서 등장한 학교 선생님처럼 "열심히 일한 사람 돈을 정부가 왜 가져가는 거야?"라고 생각하는 것은 큰 오산입니다.

여기서 한 가지 더 짚고 넘어가야 할 점이 있습니다. 모든 자본주의 국가들은 부자들에게 더 높은 세금을 매긴다는 사실입니다. 얼마나 높은지는 나라마다 사정이 다르지만 '많이 벌수록 많이 낸다.'는 원칙은 같습니다.

왜 그럴까요? 부자가 돈을 더 많이 버는 것은 자기 능력 덕분이 아닐까요? 그게 무슨 죄라고 나라에 돈을 더 많이 내야 할까요?

이렇게 생각해서는 곤란합니다. 정부가 부자에게 더 많은 세금을 요구하는 것은 부자가 미워서가 아닙니다.

상식적으로 생각을 해 봅시다. 부자가 돈을 많이 버는 것이 100% 자기 능력 덕분일까요? 당연히 아닙니다. 돈을 번 사람이야 100% 자기가 잘나서 부자가 된 것 같지만 사실은 그렇지 않습니다.

경제 활동을 위해서는 여러 가지 기초 시설들이 필요합니다. 예를 들어 도로가 있습니다. 누구나 공짜로 이용하는 일반 도로, 이 도로를 부자들이 더 많이 이용할까요? 가난한 사람들이 더 많이 이용할까요?

당연히 부자들이 더 많이 이용합니다. 사장님쯤 되면 사업하느라 물건도 실어 날라야 하고, 곳곳에 회의가 있어서 이동도 자주 합니다.

그런데 도로는 사장님이 지은 게 아닙니다. 나라에서 지어 준 겁니다. 도로가 없으면 사장님이 사업하는 데 무지 힘들 수밖에 없습니다.

돈을 많이 벌었다는 것은 그만큼 사회에 마련되어 있는 자원을 더 많이 활용했다는 뜻입니다. 수도나 전기, 도로나 철도, 통신망과 네트워크 같은 것들 말이지요.

따라서 소득이 높을수록 세금을 더 많이 내는 것은 지극히 상식적인 일입니다. 그만큼 정부가 마련한 여러 사회적 자원 덕을 더 많이 봤으니까요. 다만 많이 내는 정도가 상식적인 수준이냐, 아니면 상식을 벗어날 정도로 지나치게 많은 수준이냐가 문제일 뿐입니다.

네가 지난 임기에 한 일은 세금으로 알 수 있다

우리는 앞에서 재정 정책과 세금의 의미에 대해 살펴봤습니다. 이제 실전 문제를 풀어 볼 차례입니다.

우리가 살고 있는 현실 세계에서 실제로 정부가 어떤 정책을 펼치고 있느냐, 그리고 그것의 의미가 무엇이냐를 이해하는 것은 아주 중요합니다. 경제학은 책 속에 묻힌 구닥다리 학문이 아니라, 철저하게 현실 세계를 변화시키기 위해 존재하는 학문이기 때문이지요.

대부분 나라의 정치 구조를 보면 두 개의 정파가 존재합니다. 한쪽은 보수라고 부르고, 한쪽은 진보라고 부르는 게 보통입니다.

보수와 진보를 구분하는 기준은 무척 많지만, 경제의 시각으로만 보면 무척 명확합니다. 일반적으로 보수 정당은 스미스의 이론을 기반으로 한 시장 경제를 선호합니다. 반대로 진보 정당은 케인스의 이론을 기반으로 한 혼합 경제를 선호하지요.

구분이 명확히 되나요?

보수 정당은 정부가 시장에 개입하는 것을 싫어합니다. 따라서 보수 정당이 정권을 잡으면 정부의 사업 규모를 줄이려고 노력합니다. 정부의 역할을 줄이니 당연히 노인이나 빈민들에 대한 사회 복지 정책도 줄어들지요.

또 다른 특징은 세금을 줄이는 것입니다. 보수 정당은 정부가 세금을 많이 걷어 무엇을 하려고 하기보다, 그 돈을 시장 경제에 맡겨두는 것이 훨씬 효율적이라고 생각합니다. 이런 이유로 전 세계 보수 정당은 대부분 경제적으로 안정적인 사람들의 지지를 받습니다.

반대로 진보 정당은 케인스의 이론처럼 정부가 시장에 적극적으로 개입하는 것을 선호합니다. 따라서 진보 정당이 정권을 잡으면 정부의 사업이 늘고 공무원 숫자도 증가합니다. 사회적 약자에 대한 복지 정책도 늘어납니다.

정부가 이런 일을 하려면 돈이 필요합니다. 따라서 진보 정당이 집권을 하면 대부분 세금을 올리는 경우가 많습니다. 세금을 많이 걷으면 아무래도 부유층의 부담이 더 커집니다. 이런 이유로 전 세계 진보 정당은 부유층으로부터 배척당하고, 서민들에게는 지지를 받는 경우가 많습니다.

왼쪽은 미국 국회의사당, 오른쪽은 영국 국회의사당 건물입니다. 국회의사당은 국민의 의견을 대표하는 정당이 활동하는 곳이기 때문에, 그 나라를 상징하는 건물일 경우가 많습니다.

이런 기준으로 세계를 한번 살펴봅시다.

미국에는 공화당과 민주당, 두 정당이 있습니다. 공화당이 보수고 민주당이 진보입니다. 공화당에서 대통령이 나오면 어김없이 추진하는 정책이 감세, 즉 세금을 줄이는 정책입니다.

민주당에서 대통령이 나오면 어김없이 추진하는 것이 복지 성책의 확대입니다. 재정 적자를 감수하는 경우도 많지요.

공화당의 전통적 지지 세력은 안정적인 백인 중산층입니다. 민주당의 전통적 지지 세력은 흑인, 소수 민족, 공장 노동자들이고요. 왜 그런지 이해가 되지요?

이번에는 영국을 살펴보겠습니다. 영국의 양대 정당은 보수당과 노동당입니다. 이름만 봐도 누가 보수고 누가 진보인지 감이 확 오지 않나요?

보수당이 감세, 규제 완화, 정부 역할 줄이기를 주장하는 보수 정당이고, 노동당이 증세, 규제 강화, 정부 역할 늘리기를 주장하는 진보 정당이지요.

두 당을 지지하는 세력도 미국과 거의 비슷합니다. 보수당은 안정적인 중산층 이상이, 노동당은 노동자를 중심으로 한 사회적 약자들이 지지합니다.

이런 간단한 잣대를 이용해 세계 모든 정치 세력들을 분석하면 거의 90% 이상 들어맞습니다. 저 대통령이 왜 갑자기 복지 정책을 확대한다고 할까, 저 수상은 왜 세금을 왕창 줄인다고 할까……. 잘 살펴보면 다 경제학적 배경이 있는 것이지요.

이처럼 경제학의 기초를 알고 세상을 보면 현재의 모습을 더 명확하게 이해할 수 있습니다.

:: 직접세와 간접세

세금에는 직접세와 간접세가 있습니다. 말 그대로 직접세는 직접 걷는 세금이고 간접세는 간접적으로 걷는 세금입니다. 직접세는 돈 버는 사람에게서 직접 세금을 떼어 냅니다. 직장에 다니는 부모님들이 월급을 받으면, 정부는 일정 비율로 세금을 떼 가지요. 이런 것을 직접세라고 합니다.

간접세는 어떤 걸까요? 예를 들어 햄버거 세트가 5,000원이면 그 안에 500원 정도 세금이 자동적으로 붙습니다. 햄버거 세트를 맛있게 먹고 5,000원을 내면, 햄버거 가게에서 그 돈 가운데 500원을 세금으로 내는 거지요. 이 경우 햄버거에 대한 세금은 여러분이 부담하지만, 정작 그 세금을 국세청에 전달하는 사람은 햄버거 가게 사장님이니까 직접세가 아니고 간접세가 되는 겁니다.

직접세나 간접세나 다 나라에 내는 세금인데 굳이 차이를 알아야 하는 이유가 뭘까요? 그것은 바로 세율 때문입니다. 세금의 기본 원칙은 돈을 많이 번 사람에게 높은 세율을 매기는 것입니다. 직접세의 경우는 간단합니다. 월급 액수 보고 돈 많이 받는 사람한테 높은 세금을 매기면 됩니다.

그런데 간접세가 문제입니다. 간접세의 경우 돈을 많이 버는 사람에게 높은 세율을 받기가 사실상 불가능하지요. 햄버거집 종업원이 손님한데 "부자시면 5,500원에 사시고, 가난하시면 5,000원만 내세요."라고 말할 수는 없는 노릇이니까요.

그래서 정부는 이런 폐단을 조금이라도 막아 보고자 '개별 소비세'라는 것을 만들었습니다. 예를 들어 라면이나 쌀 같은 생활필수품에 붙는 간접세는 그냥 평범하게 매기고, 다이아몬드나 양주처럼 돈 많은 사람들이 주로 소비하는 사치성 물건에는 세금을 무겁게 매기는 것이지요.

그럼 질문을 하나 해 볼까요? 우리나라 1970년대에는 어떤 물품에 개별 소비세가 붙었을까요? 정답은 TV와 냉장고, 녹음기입니다. 커피와 청량음료, 그러니까 콜라와 사이다도 과세 대상이었습니다.

품목을 살펴보면 좀 억울한 경우도 있습니다. 야쿠르트는 냉장고에 보관해야 합니다. 그런데 1970년대에는 냉장고가 무척 귀했습니다. 이 때문에 야쿠르트는 '귀한 냉장고에 보관해야 하는 음료'이므로 사치성 물품으로 분류되었답니다.

총 권하는 사회, 미국

세계 최고의 부자 나라인 미국에 이해하기 어려운 점이 하나 있습니다. 바로 총기 휴대가 자유롭다는 것입니다. 미국에서는 총기를 사는 게 운전면허 따는 것보다 쉽다고 합니다. 각 주마다 조금씩 다르긴 하지만, 20세가 넘은 성인의 경우 심사만 통과하면 대략 5~15일쯤 뒤에 총기 소지 허가증이 나옵니다.

도대체 미국은 왜 국민들이 자유롭게 총기를 가지고 다닐 수 있게 하는 걸까요? 겉으로 밝히는 논리는 "국민들은 자기를 방어할 권리가 있다."는 것인데, 진짜 웃기는 이유입니다. 살다가 자기를 방어하기 위해 총을 쏴야 할 일이 얼마나 있을까요? 애초에 총이 없다면 방어하려고 총을 쓸 일도 없겠지요.

그런데도 미국은 전체 가구의 절반가량이 총을 보유하고 있습니다.

개인이 갖고 있는 총기가 무려 2억 3,000만 정이나 된다고 하네요.

이런 현실 뒤에는 NRA(The National Rifle Association of America), 즉 미국 총기 협회라는 단체가 있습니다. 이 단체는 총 만드는 회사의 연합체 같은 것인데, 당연히 총이 많이 팔려야 돈을 버는 회사들입니다.

총기 사고가 하도 빈번해 미국 정부가 총기 규제를 하려고 하면, 이때 NRA가 나서 필사적으로 로비를 합니다. 정치인들 가운데 상당수가 NRA로부터 거액의 후원금을 받습니다. 실제로 NRA는 미국 정치계에 가장 많은 정치 헌금을 쓰는 단체입니다.

상식적으로 생각해 봅시다. 치약 만드는 회사가 정계에 로비할 일이 있을까요? NRA가 정치인들에게 돈을 많이 갖다 바친다는 것은 이들이 정치인들로부터 뭔가 부당하게 도움을 받고 있다는 뜻입니다. 한마디로 이들의 로비가 엄청나다는 사실 자체가, 총기 휴대의 문제점이 심각하다는 것을 증명하는 셈이지요.

NRA는 미국에서 가장 보수적인 단체 가운데 하나입니다. 그리고 이들은 총기 규제에 비교적 적극적인 민주당보다 총기 허용을 적극 찬성하는 공화당을 전통적으로 지지해 왔습니다.

과거 NRA의 한 회원사 임원이 "총을 규제하는 논리대로라면 사람 생명을 위협하는 칼도 규제해야 하는 것 아니냐?"라는 말을 한 적이 있었습니다. 황당한 말이지요. 이 말을 한 임원은 분명히 정상적인 초등학교 교육을 받지 못한 것이 틀림없습니다. 칼은 원래 고기나 야채를 썰기 위해 만든 도구입니다. 총은 사람을 죽이려고 만든 무기이고요. 이 근본적인 차이를 정말 이해하지 못한 것일까요?

6

이 세상에 라면이 신라면밖에 없다면?

독점 기업의 출현과 규제

- 시장 경제는 독점을 싫어해
- 만든 사람이 가격을 결정하는 게 아니라고?
- 공기업, 네가 필요해!

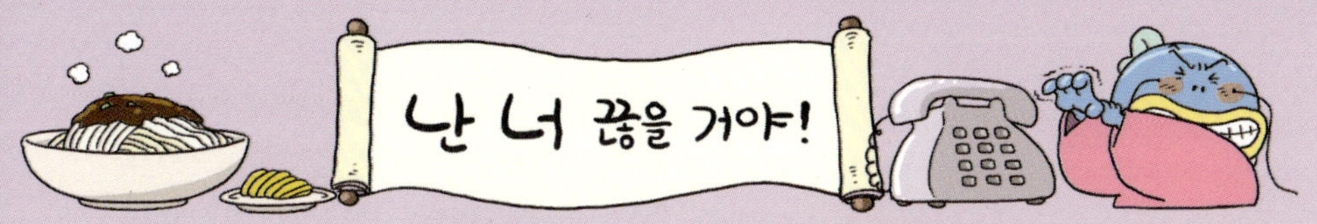

난 너 끊을 거야!

큰일났습니다!
북경루가 자장면 값을
6,000원으로 올린데요.
파앗

올린 지 얼마나
됐다고 또 올려?
중국집이 동네에
한 군데라고 맘대로 하네.

어쩌죠?
방금도 자장면 시켜
먹으려고 했잖아요.
끙~

이 기회에 우리부터
강력한 불매 운동을 벌여서
버릇을 고쳐 줘야겠다.
콱!!
타앗~
오!
좋습니다.

짜장면 시키면
벌금 100원!

벌금이……
겨우
100원!
짜장면 시키면
벌금 100원!

이게
강력해요?
200원으로 올려?
너무 부담된다……

시장 경제는 독점을 싫어해

가끔 신문 뉴스에 이런 기사가 나옵니다.

"농심, 라면 가격 인상하기로 결정…… 다른 업체도 줄줄이 라면 가격
올릴 듯"

내용을 살펴보면 대충 이렇습니다. '농심이 라면 가격을 올리기로 결정
하자 그동안 눈치만 보던 다른 라면 회사들도 드디어 라면 가격을 따라 올
린다.'는 것입니다.

별것 아닌 내용이지만 잘 살펴보면 이상한 점을 발견할 수 있습니다. 농
심이 라면 가격을 올리건 말건 다른 회사들은 왜 농심의 눈치를 보고 있었
을까요? 다른 회사라면 오뚜기나 삼양식품, 한국야쿠르트 같은 곳일 텐데,
눈치를 보지 않으면 농심이 때리기라도 하나요?

시장 경제에서 가격을 올리건 말건 그것은 회사 마음대로입니다. 물론

가격을 올린다고 반드시 좋은 것은 아닙니다. 애덤 스미스에 따르면 가격은 수요와 공급 사이에서 줄타기를 하지요. 따라서 오뚜기나 삼양식품이 멋대로 가격을 올려도 수요가 따라 주지 않으면 어차피 가격은 다시 내려오게 되어 있습니다.

그런데 지금 하는 이야기는 의미가 다릅니다. 오뚜기나 삼양식품은 수요 때문에 가격을 조정하지 못하는 게 아니라, 농심 눈치를 보느라 가격을 바꾸지 못한다는 뜻입니다.

이건 간단한 문제가 아닙니다. 스미스가 주장한 시장 경제에서 가격은 오로지 수요와 공급에 의해서만 결정되어야 합니다. 누구도 간섭을 해서는 안 됩니다.

그런데 오뚜기나 삼양식품은 수요와 공급 이외에 뭔가 다른 눈치를 보고 있습니다. 이는 곧 라면 시장에서 시장 경제를 위협하는 심각한 일이 벌어지고 있다는 뜻입니다.

도대체 누가 시장 경제의 원활한 움직임을 방해하고 있을까요?

"범인은 농심이야!"라고 한다면 정답이 아닙니다. 사실 농심은 잘못한 게 없습니다. 매콤한 신라면을 만들어서 너구리와 함께 열심히 판매

한 것이 죄가 될 수는 없으니까요.

진짜 범인은 농심이 아니고 농심이 누리고 있는 시장의 위치, 즉 **독점**이라는 녀석입니다.

잠깐 교과서로 눈을 돌려 봅시다. 교과서에서는 시장 기능이 언제 한계를 보이는지에 대해 이렇게 설명합니다.

> 먼저 시장 참여자들 사이에서 자유로운 경쟁이 이루어지지 않으면 시장 실패가 나타나게 된다. 이와 같이 경쟁을 제한하는 대표적인 예가 독과점 기업에 의해 시장이 지배되는 경우다. 독과점 기업들은 다른 기업들이 시장에 새롭게 진입할 수 없도록 다양한 장벽을 마련하여 경쟁을 제한한다. 이런 진입 장벽은 자연 발생적으로 나타나기도 하지만 정부가 법적으로 만든 경우도 있다.

자, 시장이 실패하는 첫 번째 이유가 독과점 때문이라고 했습니다. **독과점**은 독점과 과점을 합친 말입니다. 무슨 뜻인지는 조금 있다가 살펴보기로 하지요.

이번에는 경제학의 아버지를 다시 만나 보겠습니다. 시장 경제를 100% 옹호했던 애덤 스미스가 한 말입니다.

> "자유로운 시장 경제의 가장 큰 적은 독점 체제이다. 독점 세력들은 대중을 속이거나 교묘한 담합으로 가격을 올릴 것을 유도한다. 이럴 때 정

부는 어느 정도 대응책을 마련해야 한다."

정부가 시장에 개입하는 것을 끔찍이 싫어했던 스미스가 정부에게 대응책을 마련하라고 합니다. 언제 정부가 나서야 한다고요? 바로 자유로운 시장 경제의 최대 적인 독점 세력이 시장 질서를 어지럽힐 때입니다.

독점이란 시장에서 한 회사가 공급 전체를 쥐고 흔드는 경우를 말합니다. 예를 들어 우리나라에 기름 파는 회사가 '시커먼 정유' 하나뿐이라고 해 보지요. 시커먼 정유는 우리나라 정유 산업의 독점 기업이 됩니다.

스미스가 왜 이런 회사를 싫어할까요? 스미스의 경제 논리가 맞으려면 가격이 수요와 공급을 조절해야 합니다. 그런데 정유 회사가 하나뿐이면 이 가격이 제 기능을 할 수 없습니다.

시기먼 정유의 사장이 돈을 많이 벌기 위해 "내일부터 기름 값을 리터당 5,000원으로 확 올려 버려!"라고 말했습니다. 시장 경제가 제대로 놀아산다면 기름 값을 5,000원으로 올린 정유 회사는 엄청 고생을 해야 합니다. 누가 기름을 리터당 5,000원에 넣나요? 당연히 아무도 시커먼 정유의 기름은 쓰지 않을 겁니다. 가격이 오르니 수요가 줄어들겠지요.

그런데 문제는 우리나라에 정유 회사가 하나밖에 없다는 겁니다. 자동차에 기름을 안 넣고 살 수 있나요? 기름 값이 5,000원이어도 자동차를 몰아야 하는 사람은 울며 겨자 먹기로 비싼 기름을 사야 합니다.

독점 기업은 이런 상황을 이용합니다. 자기 회사 제품이 아니면 소비자들이 다른 곳에서 물건을 구입할 길이 없으니 가격을 멋대로 올렸다 내렸다 할 수 있는 겁니다. 이래서야 가격이 보이지 않는 손으로의 기능을 제대로 발휘할 수가 없지요.

스미스가 독점을 그토록 싫어한 이유가 여기에 있습니다. 본인 이론의 핵심인 가격의 기능을 독점이 망쳐 놓기 때문입니다.

만든 사람이 가격을 결정하는 게 아니라고?

농심의 경우를 살펴봅시다. 농심은 독점 기업이 아닙니다. 우리나라에 라면 회사가 농심밖에 없는 것이 아니니까요. 진라면을 만드는 오뚜기도 있고, 삼양라면을 만드는 삼양식품도 있지요. 또 한국야쿠르트도 왕뚜껑과 팔도라면을 만듭니다.

여기서 문제는 농심의 시장 점유율이 70%를 넘는다는 사실입니다. 아무리 다른 라면 회사들이 날고 기어도 사람들은 슈퍼에서 신라면과 너구리를 고릅니다. 그만큼 농심의 라면이 압도적으로 시장을 장악하고 있다는 겁니다.

이럴 때 바로 독점과 비슷한 효과가 시장에 나타납니다. 라면 가격이 순수하게 수요나 공급에 의해서 결정되는 것이 아니라, 신라면 가격에 영향을 받는 것이지요.

보통 농심을 제외한 다른 라면 회사들은 라면 가격을 신라면보다 조금 싸게 정합니다. 그렇지 않아도 신라면한테 밀리는데, 신라면보다 비싸서야

:: 두 얼굴의 사나이, 미국의 석유 왕 록펠러

'시커먼 정유'는 당연히 실제 회사가 아닙니다. 하지만 완전히 가상의 회사도 아닙니다. 실제 이 회사와 비슷한 짓을 한 기업이 있었으니까요. 때는 1890년, 애덤 스미스의 이론이 세상을 지배할 때였습니다.

당시 미국에는 존 데이비슨 록펠러라는 사람이 있었습니다. 한창 자동차가 생기고 석유 수요가 급증할 무렵 록펠러는 '노다지를 캐는 사업'이라는 석유 사업에 뛰어듭니다.

록펠러는 그야말로 무자비하게 회사를 불려 나갔습니다. 피도 눈물도 없다는 평가를 받으면서 경쟁사들을 가차 없이 쓰러트리고 회사를 키웠죠. 정치인들에게 뇌물도 바치고, 경쟁사들을 속이기도 하면서 말이지요.

그의 무자비한 경영은 큰 성공을 거둡니다. 당시 미국에는 연간 360만 배럴 정도의 석유가 유통되고 있었는데, 록펠러가 이끄는 정유 회사 스탠더드 오일은 이 가운데 95%를 손에 쥐게 됩니다.

독점을 통해 그가 얼마나 많은 돈을 쓸어 담았던지 한 신문은 "아담이 에덴동산에서 쫓겨난 뒤 지금까지 매일 500달러

록펠러 가문의 시조격인 존 데이비슨 록펠러(왼쪽)와 그의 아틀 록펠리 쥬니어(오른쪽)의 모습입니다. 록펠러 가문의 재산 기부는 지금까지도 엄청납니다. 그중 하나로 뉴욕 시 수돗물 정수 시설 운영 비용을 50년 가까이 뉴욕 시 대신 부담하고 있습니다. 덕분에 시민들은 아주 저렴한 가격에 수돗물을 이용할 수 있지요.

씩 저축을 했다고 쳐도 지금의 록펠러만큼 부자는 못 됐을 것."이라고 썼다는군요.

국민들이 가장 필요로 하는 석유를 손에 쥐고 미국을 쥐락펴락했던 그에 대해 국민들의 반감은 대단히 컸습니다. 심지어 록펠러가 교회에 기부금을 내자, 목사님이 "록펠러가 기부한 이 돈은 더러운 돈이다."라고 했다지요.

하지만 이런 석유 왕 록펠러도 사업을 떠나면 전혀 다른 사람이었다고 합니다. 그는 평생 돈을 벌었지만 항상 번 돈의 일부를 빈민들을 구제하는 데 썼습니다. 그리고 늙어서는 엄청난 재산을 사회에 기부하면서 부자의 도리를 몸소 실천했지요. 잔인하게 돈을 벌고, 자비롭게 돈을 썼던 록펠러. 이 정도면 누가 봐도 '두 얼굴의 사나이'라고 부를 만합니다.

시장에서 싸움 자체가 불가능하기 때문입니다.

그런데 밀가루 가격이나 인건비가 올라서 라면 가격을 올려야 할 상황이 왔습니다. 오뚜기나 삼양라면이 쉽게 가격을 올릴 수 있을까요?

이게 쉽지 않습니다. 신라면 가격이 꿈쩍 않고 있는 한, 라면 가격을 올렸다가 시장에서 외면받을 가능성이 높기 때문입니다. 우리나라 라면 시장에서 가격이 정해질 때 농심의 파워가 실로 크다는 뜻이지요.

경제학에서는 이런 현상을 '가격 결정력을 누가 갖고 있는가?'라는 말로 표현합니다. **가격 결정력**이란 가격을 정하는 힘이지요.

원래 시장 경제 이론에 따르면 가격 결정력은 아무도 갖고 있지 않아야 합니다. 가격은 100% 수요와 공급에 의해 결정되어야 하니까요.

하지만 독점이 나타나면 가격 결정력을 독점 기업이 갖게 됩니다. 바로 이 경우 스미스가 우려한 **시장의 실패**가 나타나는 것입니다.

공기업, 네가 필요해!

우리는 독점이 시장 경제를 어떻게 비효율적으로 만드는지 살펴봤습니다. 그런데 여기서 한 가지 주의할 점이 있답니다.

독점이란 시장에서 물건을 만드는 공급자가 하나만 있는 경우를 말합니다. 그렇다면 이런 경우는 어떨까요?

줄넘기를 만드는 회사가 있습니다. 그런데 우리나라에는 줄넘기를 만드는 곳이 이 회사 하나뿐입니다. 사장님, 몹시 거만해집니다.

"이래 봬도 우리 회사는 줄넘기 시장을 장악하고 있는 독점 기업이란 말이지."

그러고는 다음 날 줄넘기 가격을 한 개에 15만 원으로 올립니다. 명색이 독점 기업이니까, 가격 결정력을 자기가 갖고 있다고 생각한 것이지요.

결과가 어땠을까요? 나는 이 회사가 '열흘 안에 쫄딱 망한다.'에 소중한

용돈 4만 원을 걸겠습니다.

줄넘기 회사의 가격 정책은 절대로 성공할 수 없습니다. 줄넘기가 하나에 15만 원이면 사람들이 훌라후프를 하지 줄넘기를 하겠습니까? 독점 아니라 독점 할아버지라도 만드는 물건이 줄넘기인 이상 독점 기업으로서 위력을 발휘하기가 어렵습니다. 줄넘기를 대신할 수 있는 운동 기구는 아주 많으니까요.

그렇다면 독점 기업은 어떤 분야에서 힘을 가질까요?

정답은 '생활에 꼭 필요한 물품'이어야 합니다. 정유 회사가 판매하는 기름이 대표적인 예이지요. 전기와 같은 에너지도 여기에 포함됩니다. 전기는 생활에 꼭 필요하니까요.

이처럼 전기, 석유, 가스, 수도 등 독점이 생기면 안 되는 분야에서 독점이 생기면 위력이 커지고, 그만큼 국민 생활의 불편도 상상을 초월합니다. 이미 살펴봤듯이, 미국의 록펠러가 세운 정유 회사 스탠더드 오일이 대표적인 경우입니다.

미국 정부는 스탠더드 오일이 석유 시장을 장악하자 나라의 혼란이 너무 커지는 것을 막기 위해, 독점 방지법의 일종인 셔먼 법이라는 것을 만들어 회사를 산산조각내 버립니다. 그렇게 해서 결국 문제가 해결되긴 했지만, 따지고 보면 소 잃고 외양간 고치는 격이었지요. 결국 이런 일이 일어나지 않도록 예방을 하는 것이 제일 중요합니다.

이후에 공기업이라는 것이 등장합니다. 공기업은 분명 물건을 만들고 돈을 버는 기업입니다. 그런데 이 기업의 주인은 민간인이 아니고 정부입니다. 정부가 돈을 들여 기업을 만드는 것이지요.

왜 정부가 기업을 만들까요? 바로 국민 생활에 큰 영향을 미치는 필수적인 분야에서 독점의 횡포가 일어나지 않도록 방지하기 위해서입니다.

앞에서 살펴본 교과서를 다시 한 번 보겠습니다.

독과점 기업들은 다른 기업들이 시장에 새롭게 진입할 수 없도록 다양한 장벽을 마련하여 경쟁을 제한한다. 이런 진입 장벽은 자연 발생적으로 나타나기도 하지만 정부가 법적으로 만든 경우도 있다.

정부가 법적으로 진입 장벽을 만든다는 말이 무슨 뜻일까요? 시장에서

독점이 발생하기 전, 아예 정부가 시장을 완전히 선점한다는 뜻입니다.

전기를 예로 들어 보겠습니다. 사람들이 너도나도 전력 회사를 만들어서 경쟁을 하면 큰일이 납니다. 자칫 힘이 센 한 회사가 독점 기업으로 성장하고 전기 값을 좌지우지하면 나라 전체가 대혼란에 빠질 테니까요.

그래서 정부는 아예 전기 시장을 일반 기업이 참여할 수 없도록 닫아 버리고, 직접 기업을 세워 시장을 독점해 버립니다. 그리고 전기 가격은 정부가 나라 상황에 맞게 효율적으로 정하는 거지요.

이것이 바로 정부가 법적으로 진입 장벽을 만든 경우입니다. 그리고 이렇게 정부가 시장 장악을 위해 직접 세운 기업을 공기업이라고 하지요.

우리나라의 대표적인 공기업은 어디일까요? 바로 전기 만드는 회사인 한국전력입니다. 담배도 마찬가지입니다. 담배는 중독성이 강해서, 가격을 왕창 올려도 사려는 사람들의 담배 소비가 잘 줄어들지 않습니다. 가격 결정력이 기업 쪽에 있다는 뜻입니다. 그래서 정부는 과거에 담배인삼공사라는 공기업을 만들어 오랫동안 경영을 했습니다.

가스는 어떨까요? 찌개 끓이고, 고기 굽고, 난방을 할 때 쓰는 가스는 일상생활에 꼭 필요합니다. 우리나라에서 가스 공급을 총괄하는 회사는 한국가스공사입니다. 역시 공기업이지요.

이처럼 시장 경제에서도 정부의 역할은 무척 중요합니다. 현대 자본주의 체제에서는 관리해야 할 영역도 점점 늘어나고 있습니다. 그중에서도 독점을 막는 것은 특히 중요한 정부의 역할 중 하나입니다.

이유 없는 이름은 없다,
LG와 럭키금성

혹시 럭키금성이라는 회사를 들어 봤나요? 선경이나 제일제당은요? 처음 들어 본다고요? 그렇다면 LG나 SK텔레콤, CJ는 들어 봤나요? 당연히 들어 봤겠지요. TV 광고에서노 사주 볼 수 있는, 소위 우리나라에서 제일 잘나가는 대기업들이니까요.

럭키금성이라는 회사는 LG의 옛날 이름입니다. LG가 바로 '럭키(Lucky)'의 첫 글자 'L'과 금성의 첫 글자 'G(GoldStar)'를 합쳐서 만든 이름이지요. LG 하면 뭔가 멋있어 보이는데, 럭키금성 하니까 좀 촌스럽지요? 그런데 사실 럭키금성도 상당히 세련된 이름입니다. 실제로 LG가 처음 세워졌을 때 이름은 '락희화학공업'이었으니까요.

여러분이 영화를 보러 갈 때 많이 들르게 되는 멀티플렉스 영화관 CGV는 CJ그룹 소속입니다. 그런데 이 회사의 뿌리를 찾아가 보면 엉

뚱하게도 제일제당이 나옵니다. '제당'이 뭐 하는 회사일까요? 바로 설탕을 만드는 회사입니다. 제일제당은 국내 기업 중 처음으로 설탕을 해외에 수출한 회사였다고 하네요. 1970년대만 해도 명절에는 '백설표 설탕'이 최고 선물이었습니다.

SK텔레콤의 뿌리를 따라가 보면 선경이라는 기업이 나옵니다. 이 이름은 어떤 뜻일까요? 사실 특별한 뜻은 없습니다. 선경은 일제 강점기에 조선 회사였던 선만주단과 일본 회사였던 경도직물이 합쳐진, 천 만드는 회사였습니다. 선만주단 + 경도직물 = 선경이 된 것이지요. 그러니까 SK의 S와 K는 각각 그 뿌리가 선만주단과 경도직물인 셈입니다.

한화 그룹이요? 원래 이름이 한국화약이었습니다. 화약 만드는 회사였지요. 교보문고는 그 뿌리가 대한 교육 보험입니다. '교육 보험'을 줄여서 교보가 되었습니다. 1958년에 세워진 대한 교육 보험의 주력 상품은 자녀 교육을 목적으로 한 보험이었는데, 교육 보험을 만들어서 판 회사는 당시 전 세계에서 대한 교육 보험이 유일했다고 합니다.

이처럼 국내 대기업들의 이름을 잘 거슬러 올라가 보면, 원래 어떤 일을 하던 곳이었는지 짐작할 수 있답니다.

… 독과점

독점과 과점을 합한 말입니다. 시장에서는 독점만 문제가 되는 것이 아닙니다. 과점도 시장 경제를 혼란스럽게 하는 문제이지요.

어떤 시장에 A와 B 두 개의 기업이 시장을 반씩 장악하고 있습니다. 두 기업이 열심히 경쟁을 한다면 독점의 폐해는 나타나지 않습니다. A가 무턱대고 가격을 올리면 소비자들은 B의 제품을 사게 될 테니까요. 그런데 만약 A와 B가 못된 마음을 먹고 쑥덕쑥덕 계략을 짜면 어떻게 될까요? A, B 두 회사 사장님이 모여서 "우리 똑같이 물건 가격을 갑절로 올립시다!" 이렇게 담합을 하면요? 이러면 비록 시장이 독점된 것은 아니지만 독점과 비슷한 효과가 나타납니다.

그래서 시장을 휩쓰는 기업이 두세 개밖에 없을 때에도 독점의 위험이 항상 도사리고 있습니다. 이처럼 과점이란 소수의 유력 기업이 전체 시장을 장악하고 있을 때를 가리키는 말입니다. 대부분의 나라가 독점뿐 아니라 과점도 함께 규제를 합니다. 그래서 '독과점'이라는 합성어가 하나의 경제 용어가 된 것이지요.

… 셔먼법

역사상 처음으로 만들어진 독점 금지법입니다. 이 법은 미국 석유 시장의 95%를 장악하고 있던 록펠러의 독점을 막기 위해 1890년 만들어졌습니다. 독점을 보다 못한 상원 의원 존 셔먼이 이 법을 만들었지요. 당시 셔먼은 다음과 같이 유명한 말을 남겼습니다.

"미국은 정치적으로 절대 권력을 가진 왕을 원하지 않는다. 마찬가지로 경제적으로도 독점을 원치 않는다."

독점 기업의 권력이 얼마나 컸으면 절대 권력에 비유를 할 정도였을까요? 록펠러에게 '석유 왕'이라는 별명이 괜히 붙은 게 아닌 모양입니다. 결국 이 법이 통과되면서 록펠러의 스탠더드 오일은 무려 30개의 회사로 산산조각이 납니다. 또 미국 담배 시장을 95% 이상 휩쓸고 있던 아메리칸 토바고도 16개로 쪼개졌지요.

7

대한민국을 응원하되, 돈은 브라질에 걸어라

확률을 이용한 합리적 선택

- 내기 잘하는 DNA가 따로 있다고?
- 누구나 내기의 고수가 될 수 있다!
- 안타는 확률이 아니다?

홀이냐 짝이냐, 그것이 문제로다

내기 잘하는 DNA가 따로 있다고?

가끔 친구들과 내기를 하나요? 소소한 돈을 걸기도 하고, 벌칙을 걸기도 하고, 쓸데없이 자존심을 걸기도 하면서 말이지요. 여러분은 주로 어떤 내기를 하나요?

가장 간단하게는 가위바위보도 일종의 내기라고 할 수 있습니다. '가위바위보 해서 진 사람이 매점에서 빵 사 오기' 같은 것이 대표적입니다. '이번 주 뮤직뱅크에서 누가 1위를 할 것이냐?'를 놓고도 내기를 할 수 있지요. 또 수학 문제를 풀다가 누구의 답이 맞았는지 500원을 걸고 내기를 하는 경우도 있을 겁니다.

주위를 둘러보면 내기에 무척 강한 친구도 있고, 반대로 내기만 하면 판판이 깨지는 친구도 있습니다.

우리나라 영화 〈타짜〉에 보면 '고니'라는 주인공은 어렸을 때부터 내기에 무척 강했던 캐릭터로 나옵니다. 혹시 홀짝이라는 놀이를 아나요? 구슬이건 동전이건 한 사람이 몇 개를 손 안에 넣고 쥐으면, 상대방이 그 구슬

개수가 홀수인지 짝수인지 맞히는 놀이입니다. 일종의 내기인데, 고니는 이 놀이를 하기만 하면 거의 다 이깁니다. 홀이냐 짝이냐를 맞추는 간단한 놀이인데도 고니는 뭔가 다른 포스를 풍기면서 승승장구하더란 말이지요.

왜 이런 일이 생길까요? 과연 고니는 홀인지 짝인지 맞추는 신기한 능력을 갖고 있는 걸까요?

이번 이야기는 내기에서부터 시작합니다. 이 장을 읽고 나면 여러분도 내기에 강한 사람이 되어 있을 겁니다.

내기에 강한 사람에 대해 알아보기 전에 먼저 내기에도 여러 종류가 있다는 것을 알아 두어야 합니다. 내기의 종류를 잘 분석(?)해야 한다는 뜻입

니다. '뭔 할 짓이 없어서 내기의 종류까지 분석해야 하나?'라고 대들지 마세요. 내기의 고수가 되기 위해서는 꼭 거쳐야 하는 과정이니까요.

복잡하지 않게 두 가지로만 나눠 보겠습니다.

> 1. 정보 내기 : 우리나라 초대 대통령은 누굴까?
>
>   세계에서 제일 큰 나라는 어디일까?
>
> 2. 확률 내기 : 홀짝, 가위바위보, 묵찌빠, 동전 던지기 등

자, 여러분이 하고 있는 내기가 대충 이런 것들이지요? 이런 내기를 하면서 1,000원을 걸기도 하고 5,000원을 걸기도 합니다.

그런데 내기를 굳이 이렇게 분류한 이유가 있습니다. 다 거기서 거기인 것 같지만, 이 두 가지 내기는 완전히 다른 종류입니다. 당연히 각 내기마다 이기는 방법도 다르지요.

미리 결론을 내리는 것 같아 싱겁겠지만, 사실 세상에 '내기만 했다 하면 이기는 내기의 신'은 없습니다. 다만 내기의 종류에 따라 이길 확률이 높은 사람은 있습니다. 우리가 보기에 내기에 정말 강해 보이는 친구는 사실 위에 나누어 놓은 내기의 분류를 정확히 이해하고 내기마다 이기는 방법을 잘 알거나, 혹은 포기하는 방법을 잘 알거나 하는 사람일 뿐입니다.

우선 첫 번째 '정보 내기'부터 살펴보겠습니다. 정보 내기란 답이 정해져 있는 문제를 누가 정확하게 푸느냐로 내기를 하는 겁니다. 따라서 이기는

방법은 아주 간단합니다. 유식하면 됩니다.

이런 내기를 할 때마다 판판이 지는 사람은 솔직히 아는 게 없어서 지는 겁니다.

친구와 이야기를 하다가 미국 프로야구에서 노히트 노런을 가장 많이 달성한 투수가 누구냐는 걸로 말싸움이 붙었습니다. A라는 친구는 놀란 라이언이라고 주장하고, B라는 친구는 에이브러햄 링컨(응? 그럴 리가!)이라고 주장합니다. 열받은 A가 "야, 그럼 누구 말이 맞나 10만 원 내기하자."라고

제안을 합니다. B는 "좋아, 내일까지 알아보고 지는 사람이 10만 원 내는 거다."라고 맞받아칩니다.

무슨 생각이 드나요? 당연하게도 B가 바보 인증한 거지요.

내기의 승자는 당연히 A입니다. 이건 그냥 인터넷으로 검색해 보면 10초 만에 답이 나오는 겁니다. 답이 정해져 있는 문제라는 거지요. 이렇게 답이 정해져 있는 내기를 할 때에는 내기에 강한 사람이 있는 게 아니라 유식한 사람과 무식한 사람이 있을 뿐입니다.

따라서 이런 내기는 무조건 100% 확신이 있을 때 덤벼야 합니다. 정답이 확실하다고 생각할 때만 덤비면 100전 100승입니다. A의 위치에서 나에게 돈을 보태 주기 위해 불나방처럼 달려드는 친구 B를 가여운 마음으로 환영해 주기만 하면 되는 것이지요.

이런 관점에서 보면 1번 정보 내기는 사실 내기 축에도 끼지 못합니다. 그냥 책 열심히 읽고, 신문 열심히 보고, 그래서 나보다 모르는 친구들 용돈을 조금씩 빼앗기만 하면 되니까요.

누구나 내기의 고수가 될 수 있다!

이번 장에서 집중적으로 살펴볼 것은 2번 '확률 내기'입니다. 내기 중에서 가장 간단하면서도 함정이 있고, 그래서 사람들이 많이 속는 분야입니다. 따라서 확률 내기에 강한 사람이야말로 진정한 내기의 고수라고 할 수 있습니다.

확률 내기에서는 내가 이길 확률이 어느 정도인지 빠르게 계산하는 것이 매우 중요합니다. 〈1박 2일〉이라는 TV 프로그램을 혹시 본 적 있나요? 이 프로를 보면 언제나 PD와 출연진이 맞서서 내기를 합니다.

그런데 혹시 이런 생각을 해 본 적은 없나요? 내기를 하면 이상하게도 출연진이 지는 경우가 훨씬 더 많은 것 같다는 생각을요. 맛있는 음식을 앞에 두고 번번이 PD가 제시한 내기에 져서 배를 쫄쫄 굶곤 하지요.

예를 하나 들어 보겠습니다. 〈1박 2일〉 해남 편에 나왔던 '디비디비딥' 게임입니다.

못 보신 분들을 위해 간단히 상황을 설명하면 이렇습니다. 식탁 위에는 남도의 산해진미 반찬 10가지가 놓여 있습니다. 출연진 여섯 명이 한 줄로

쪽 앉습니다. PD는 긴 손가락으로 여섯 명과 연속으로 디비디비딥 게임을 합니다. 디비디비딥 게임이란 PD가 아래 그림처럼 디비디비딥 소리와 함께 손가락을 좌-우 한 방향으로 가리키는데, 그때 출연진의 머리 방향이 손가락 방향과 반대가 되면 이기는 게임입니다.

PD의 제안은 이렇습니다. 이 게임을 여섯 명이 동시에 성공하면 밥을 먹게 해 준다, 하지만 한 명이라도 실패하면 반찬 하나를 반납하고 다시 기회를 준다는 겁니다.

출연진들이 놀라서 항의를 합니다. "여섯 명이 디비디비딥을 한꺼번에 통과하는 게 얼마나 어려운 줄 아느냐?"라는 거지요. 영리한 PD는 이렇게 꼽니다. "나쁜 조건이 아닌 것이, 반찬이 열 개나 되잖아요. 반찬 하나 반납하면 다시 기회를 얻을 수 있으니 충분히 확률이 있어요."

그 말을 믿은 순진한 출연진은 게임에 참가를 합니다. 과연 이 내기는 누가 이길까요?

물론 출연진이 이길 수도 있습니다. 살다 보면 개한테도 물리고, 소한테도 차이고, 벼락도 맞고, 별의별 일이 다 있으니까요. 하지만 확률적으로 보면 이 게임은 사실 완전히 하나마나 한 게임입니다. 게임에 덥석 참가한 출연진이 바보였던 것이지요.

왜 그런지 살펴봅시다. 이를 알아보기 위해 중학교 수학 교과서에 나오는 확률을 한번 이용해 보겠습니다. 이미 배웠다면 다행이고, 아직 안 배웠다면 편안하게 보세요. 수학이라고 다 어려운 게 아니니까요. (내기를 잘하게 된다니까요!) 교과서에 따르면 공식이 이렇습니다.

경우의 수 : 어떤 사건이 일어날 수 있는 방법의 수

확률(P) = 어떤 사건이 일어날 수 있는 경우의 수 / 일어날 수 있는 모든 경우의 수

ⓐ 합의 법칙 m+n → '또는', '~이거나'의 개념일 때 적용

ⓑ 곱의 법칙 m×n → '동시에', '~이어서', '~이고'의 개념일 때 적용

우선 이 말을 이해하기 위해서는 **경우의 수**라는 녀석을 이해해야 합니다. 엄청 쉽습니다. 그냥 뭔가를 할 때 일어날 수 있는 경우가 몇 개인지 세어 보는 겁니다.

예를 들어 주사위를 던집니다. 주사위가 나타낼 숫자의 경우의 수는 몇 개죠? 6개! 정답입니다. 1에서 6까지 여섯 개입니다.

동전을 던집니다. 그 결과에 대한 경우의 수는요? 당연히 앞면, 뒷면 2개입니다. 쉽죠?

그러면 교과서에서 정의한 확률을 살펴봅시다. 수학에서는 확률을 알파벳 P로 표현하는 경우가 많습니다. 그러니까 P라고 적혀 있으면 '아, 이건 그냥 확률을 뜻하는 거구나.' 생각하면 됩니다.

확률의 정의는 '어떤 사건이 일어날 수 있는 경우의 수 / 일어날 수 있는 모든 경우의 수'입니다.

주사위를 던질 때 3이 나올 확률은? 이미 답이 1/6이라는 건 알겠지요? 하지만 '경우의 수'라는 녀석을 이용해서 좀 유식하게 다시 써 보면 이렇습니다.

주사위를 던질 때 일어날 수 있는 모든 경우의 수는 당연히 6이고(1에서 6까지), 3이 나올 경우의 수는 딱 하나지요. 던져서 3이 나와야 하니까요.

그러니까 이걸 공식에 끼워 보면,

주사위를 던질 때 3이 나올 확률(P)
= 3이 나올 경우의 수 / 모든 경우의 수
= 1/6

이렇게 됩니다. 진짜 쉽지요?

조금만 더 들어가 봅시다. '합의 법칙'과 '곱의 법칙'이란 게 있습니다. 여기까지만 알면 내기의 고수가 될 수 있습니다.

합의 법칙을 말로 설명하면 어려운데, 예를 들면 쉽습니다.

주사위를 던졌을 때 2 '또는' 3이 나올 확률은?

여기서 '또는'이 중요합니다. '또는'이라는 말은 2가 나와도 되고 3이 나와도 된다는 뜻이지요. 둘 중 하나이기만 하면 된다는 뜻입니다. 바로 이때 합의 법칙을 이용합니다.

주사위를 던졌을 때 2가 나올 확률은 1/6입니다. 3이 나올 확률도 1/6입니다. 그러면 2 '또는' 3이 나올 확률을 구할 때에는 그냥 두 확률을 더하면(합하면) 되는 겁니다. 이게 합의 법칙입니다. 답은 당연히 1/6 + 1/6 = 1/3이 되겠습니다.

거의 다 왔습니다. 마지막 곱의 법칙을 살펴보지요. 문제입니다.

주사위를 던졌을 때 처음엔 2, 그리고 다음에 3이 나올 확률은?

여기서는 '그리고 다음에'가 중요합니다. 이 말은 처음에는 반드시 2가 나와야 하고, 그 다음에도 반드시 3이 나와야 합니다. 다른 경우의 수는 치지 않겠다는 뜻입니다. 바로 이때 곱의 법칙을 이용합니다. 이 확률을 구하기 위해서는 각자의 확률을 곱해야 하지요. 2와 3이 나올 확률이 각각 1/6이니 두 개를 곱하면 1/36이 되겠군요.

여기서 확실하게 이해해야 할 것이 있습니다. '또는'이 들어갈 경우 합의 법칙을 이용해 확률을 구한다고 했지요. 그렇게 구하면 확률이 높아지나요? 낮아지나요?

주사위 던졌을 때 2가 나올 확률은 1/6이지만 2 또는 3이 나올 확률은 1/3입니다. 확률이 두 배로 높아집니다.

반대로 '그리고 다음에'가 들어갈 경우 곱의 법칙을 이용하는데, 이때는 확률이 높아지나요? 낮아지나요?

맞습니다. 낮아집니다. 2가 나올 확률은 1/6이지만 2가 먼저 나오고 다

음에 3이 나올 확률은 1/36입니다.

그런데 뭔가 이상하지 않나요? 합의 법칙을 이용했을 때에는 확률이 두 배로 높아지는데, 곱의 법칙을 이용하면 확률이 반으로 낮아지는 게 아닙니다. 1/6에서 1/36으로 엄청나게 낮아집니다. 이걸 느끼신 분이 있다면 내기의 고수가 될 자질이 충분합니다.

'그리고 다음에'가 붙을 경우 확률이 떨어지는데, 그 떨어지는 폭이 특별한 경우를 제외하면 아주 큽니다. 특히 '그리고 다음에'가 두 번이 아니라 세 번, 네 번으로 반복해서 붙을수록 확률이 낮아지는 폭은 어마어마해지지요.

자, 다시 〈1박 2일〉로 돌아오겠습니다. 출연진이 얼마나 터무니없는 내기를 받아들였는지 확인해 보지요.

PD의 제안은 디비디비딥을 여섯 명이 연속으로 이기면 밥을 준다는 거였습니다. 실패하면 반찬 하나 반납하고 다시 시도를 하라는 조건과 함께요. 그러면 여섯 명이 연속으로 성공할 확률이 얼마나 될까요?

첫 번째 주자가 게임에서 이길 확률은 1/2입니다. 문제는 첫 번째 주자가 이긴 후 '그리고 다음에' 두 번째 참가자가 또 이겨야 합니다. '그리고 다음에' 세 번째 참가자도 이겨야 합니다. 이런 식으로 무려 여섯 명이 연속으로 이겨야 합니다. '그리고 다음에' 계속해서 이겨야 하기 때문에 이 확률을 계산하기 위해 곱의 법칙을 써야 된다는 거, 이해되나요?

한 사람이 이길 확률이 1/2이니 여섯 명이 연속해서 이길 확률은 $1/2 \times 1/2 \times 1/2 \times 1/2 \times 1/2 \times 1/2$입니다. 곱의 법칙을 이용하면 확률이 어마어마한 폭으로 떨어진다고 말했지요? 이걸 계산하면 정답은 무려 1/64입니다. 출연진이 이길 확률은 고작 1/64라는 거지요.

이때 제작진의 PD가 살살 꾑니다. "반찬이 열 개니까 한 번 실패하면 반찬 하나 반납하고 또 시도하면 된다."고요. 그렇다면 이 제안은 얼마나 합리적일까요?

PD의 말에 따르면 출연진은 모두 열 번의 기회를 갖습니다. 그리고 이 열 번의 기회 중에 단 한 번만 성공을 하면 됩니다. 그럴싸한가요?

전혀 그럴싸하지 않습니다. 왜냐하면 열 번 중 단 한 번만 성공을 해도 된다는 것은, 첫 번째 게임에서 이기거나 '또는' 두 번째 게임에서 이기거나 '또는' 세 번째 게임에서 이기거나…… '또는' 열 번째 게임에서 이기거나 라는 뜻입니다. '또는'이 들어가므로 출연진이 이길 정확한 확률을 구하기 위해서는 합의 법칙을 이용해야 합니다. 당연히 확률은 높아지겠죠.

하지만 슬프게도 이 높아지는 정도가 충분하지 않다는 데 문제가 있습니다. 곱의 법칙을 이용했을 때 낮아지는 확률의 폭이 합의 법칙을 이용해 높아지는 확률의 폭보다 훨씬 크다고 이야기했던 것 기억하나요?

실제로 한번 계산을 해 보죠.

출연진이 게임을 해서 이길 확률, 즉 여섯 명이 한꺼번에 디비디비딥을 통과할 확률은 1/64입니다. 아까 곱의 법칙을 이용해 계산해 두었지요.

그런데 시도할 기회는 한 번이 아니라 열 번입니다. 따라서 열 번 중 한 번만 이기면 되므로 이때에는 합의 법칙을 이용합니다. 1/64을 모두 열 번 더하는 겁니다.

1/64 + 1/64 + …… + 1/64 이렇게 더하면 10/64입니다. 열 번이나 더 했는데도 10/64밖에 되지 않습니다. 1/6도 안 되는 확률입니다. 그러니까 출연진이 비록 기회를 열 번 받았다고 해도 궁극적으로 내기에서 이겨서 밥을 먹을 확률은 10/64밖에 되지 않는다는 것이지요.

내기가 공정하려면 한쪽이 이길 확률이 최소한 1/2은 되어야 합니다. 그런데 1/6도 안 되는 확률로 내기를 하니 자꾸 질 수밖에요.

안타는 확률이 아니다?

확률을 계산하는 것은 단순히 수학의 문제가 아닙니다. 어떤 일이 벌어졌을 때, 그리고 무엇인가를 선택해야 할 때 확률을 이해하고 움직이는 사람과 아닌 사람의 결과는 하늘과 땅만큼 차이가 납니다. 경제학은 합리적인 선택을 살하기 위한 학문이라고 앞서 이야기했지요? 합리적인 선택을 위해서는 확률을 이해하는 것이 무엇보다 중요합니다.

야구 중계를 보면 해설자가 가끔 이런 말을 합니다.

"아, 저 선수가 3할 타자인데요. 오늘 앞선 세 타석에서 안타가 하나도 없었어요. 확률상 이제 하나 나올 때가 됐거든요. 투수가 조심해야 해요."

야구 좋아하는 친구들은 들어 봤을 겁니다.

타자가 3할을 친다……, 이 말은 열 번 타석에 서면 확률적으로 세 번은 안타(30%의 확률)를 친다는 뜻입니다. (즉 3.3번 타석에 서면 1번의 안타라는 확률인 거지요.) 그러니까 해설자 논리는 이렇습니다. 열 번 나오면 확률적으로 세 번을 치는 선순데, 오늘 이미 세 번 나와서 안타를 못 쳤으니 이번에는 칠 확률이 무지하게 높다는 것이지요.

맞는 말인가요? '야, 저 해설자 진짜 논리적이네.'라고 생각하나요? 진심으로 말하는데, 앞으로 이런 해설자의 해설은 절대 듣지 마세요.

확률에 대해서 모를 수는 있습니다. 모르면 배우면 되니까요. 그런데 모르면서 잘못된 이야기를 전 국민이 듣는 방송에서 너무도 자신만만하게 하는 것은 심각한 문제입니다.

왜 잘못되었을까요? 확률이 30%라는 말은 열 번 시도했을 때 세 번쯤 성공한다는 뜻이기는 합니다. 하지만 확률은 가능성을 이야기하는 것입니다. 열 번 시도하면 반드시 의무적으로 세 번 성공하는 게 아니지요.

주사위를 던져서 1이 나올 확률은 1/6이지만 실제 여섯 번을 던지면 반드시 1이 꼭 한 번만 나온다는 보장은 없습니다. 아예 안 나올 수도 있고 세 번이 나올 수도 있지요.

주사위를 다섯 번 던졌는데 한 번도 1이 안 나왔습니다.

"이야, 주사위는 확률적으로 여섯 번 던졌을 때 1이 한 번 나오잖아. 그런데 앞선 다섯 번 시도에서 모두 1이 안 나왔으니 이번에는 무조건 1이 나오겠네!"

이건 당연히 말이 되지 않습니다. 주사위에 속임수 장치가 되어 있지 않은 이상, 앞에 뭐가 나왔건 1이 나올 확률은 항상 1/6일 뿐입니다.

오히려 야구는 이보다 상황을 더 비관적으로 봐야 합니다. 주사위야 정육면체인 이상 던지면 1이 나올 확률은 언제나 1/6입니다.

그러나 타율은 타자가 타석에서 치지 못하면 떨어지게 되어 있는 수치입니다. 3할 타자가 앞선 세 타석에서 안타를 못 쳤다면, 네 번째 타석에서 안타 칠 확률은 높아지는 게 아니고 오히려 더 낮아집니다. 상식적으로 그 선수는 점심을 먹고 체했던지, 감기에 걸렸던지, 아무튼 그날 컨디션이 별로이기 때문에 네 번째 타석에서도 안타를 치지 못할 가능성이 더 큰 것이지요.

친구들과 농구를 합니다. 그런데 오늘 따라 슛이 지독히 안 들어갑니다. 친구들에게 뭐라고 말하는 것이 합리적일까요?

"아, 내가 평소에는 슛 두 번 던지면 하나는 넣잖아. 그런데 오늘 열 개 쏴서 하나도 못 넣었다. 이젠 들어갈 때가 됐어. 나한테 집중적으로 패스해 줘."

내가 같은 팀이라면 절대 패스를 하지 않을 겁니다. 열 번 던져서 하나도 못 넣었으면 미안한 줄 알아야지요. 슛을 하나도 못 넣은 것은 이제 드디어 들어갈 때가 되었다는 신호가 아니고, 재빨리 그 선수를 교체해야 한다는 신

호입니다.

우리가 수학과 확률을 배우는 이유는 논리적으로 생각하고 합리적으로 선택하기 위해서입니다. (좋은 대학 가기 위해서가 아니고요.) 그래서 합리적인 선택을 강조하는 경제학과 수학은 떼려야 뗄 수가 없는 관계에 놓여 있답니다.

이 글을 읽고 난 뒤에도 설마 우리나라하고 브라질하고 축구 경기를 할 때, 가슴 뜨거운 조국 사랑 정신을 발휘해 우리나라가 이기는 쪽에 돈을 걸지는 않겠지요? 마음으로는 대한민국을 열렬히 응원하고, 돈은 브라질이 이기는 쪽에 걸어야 합니다.

이 안에 돈 떼어먹는 놈 있다

내기 이야기를 너무 많이 했나요? 도덕적으로 양심이 조금 따끔거리기는 하지만 경제학과 수학에서 내기는 절대로 피해 갈 수 없는 부분입니다. 그만큼 중요한 역할을 하고 있거든요.

내기나 도박이 '몹쓸 짓'에서 '수학의 영역'으로 승격한 것에는 16세기 이탈리아의 저명한 수학자 지롤라모 카르다노의 공이 컸습니다. 카르다노는 수학자이면서도 도박광이었는데 '주사위를 두 개 던졌을 때 나오는 숫자에 돈을 걸 경우, 몇에다 거는 것이 제일 유리할까?'를 혼자 열심히 생각했습니다.

그러다 경우의 수를 발견하게 되고, 확률을 계산하는 방법을 알게 된 것이죠. 카르다노는 의학 학위도 갖고 있었고, 밀라노 대학에서는 기하학을 가르치는 교수였습니다.

이탈리아 도박꾼, 아니 수학자인 카르다노의 초상입니다.

하지만 그가 후세에 이름을 크게 날린 것은 도박장에서 주사위를 열심히 던지다 발견한 이론을 바탕으로 쓴 《기회의 게임에 관하여》라는 책 덕분입니다. 이 책은 확률 이론을 체계적으로 정리한 최초의 수학책으로 기록되어 있습니다.

그렇다면 도박에서 돈을 딸 확률은 얼마나 될까요? 여러분에게 도박을 권하는 것은 아니지만, 만약 도박을 너무 하고 싶어 하는 친구에게 조언을 해야 한다면 어떤 것을 추천하고 싶은지 골라 보세요.

1. 경마   2. 카지노   3. 로또   4. 윷놀이

여러분이 진정한 친구라면 4번을 권해야 합니다. 이렇게 말하는 이유가 있습니다.

공인된 도박장에는 환급률이라는 게 있습니다. 환급률 계산법은 간단합니다. 돈을 거는 사람이 100원을 걸 경우 평균적으로 얼마를 딸 수 있는지를 확률로 계산한 겁니다.

예를 들어 환급률이 80%이면 100원을 걸었을 때 평균 80원을 돌려받을 수 있다는 뜻이지요. 물론 실제로 이 도박을 하면 모든 사람이 80원을

돌려받는 건 아닙니다. 하지만 고객들이 받은 돈을 다 합쳐서 평균을 내 보면 80원 정도가 된다는 뜻입니다.

아니, 그런데 좀 화가 나는군요! 100원을 걸었는데 평균 80원을 받으면 20원은 누가 떼어먹은 걸까요? 바로 도박장 주인아저씨가 가져갑니다. 도박장이 경마장이라면 20원은 마사회가 가져가는 것이고, 정선 카지노라면 강원랜드가 가져가는 것이지요.

따라서 환급률이 100%가 되지 않는 도박은 거는 쪽이 무조건 손해입니다. 나는 큰돈을 딸 수도 있고 다 잃을 수도 있지만, 결국 도박장 주인은 무조건 평균 20%의 돈을 벌기 때문입니다.

그렇다면 실제 공인된 도박장에서의 환급률은 어느 정도 할까요? 카지노의 경우 국제적으로 보통 80%입니다. 미국 라스베이거스 호텔에서 열심히 기계에 동전 넣고 도박하다 보면, 내가 건 돈의 80%는 누군가 다른 관광객(재수 좋으면 내가 될 수도 있지만)에게 돌아가지만 20%는 호텔 주인이 가져가는 셈입니다.

경마나 경륜은 약 72% 정도 됩니다. 기댓값이 더 낮아지지요.

최악은 로또입니다. 보통 로또의 환급률은 50%입니다. 로또 찍은 소비자들이 낸 돈 가운데 절반을 각종 명목으로 다 떼어 가고 결국 돌려주는 돈은 절반뿐이라는 것이지요.

어떤가요? 살펴보니 친구하고 윷놀이 내기를 하는 편이 가장 좋겠지요? 적어도 중간에 돈 떼어 가는 주인아저씨는 없으니까요.

하지만 뭐니 뭐니 해도!! 도박은 하지 않는 게 제일 좋습니다. 그저 확률만 계산하고, 공부에 활용만 하는 것이 가장 지혜로운 태도랍니다.

8

금융을 알면 자다가도 돈가스를 얻어먹는다

금융의 뜻과 영향력

- 똑똑한 원숭이가 다시 쓰는 조삼모사 이야기
- 작은 수치라고 무시하면 아니 되오!
- 시간이 돈이다!
- 이자를 꼭 돈으로 받아야 하나?
- 세계 경제는 금융의 손바닥 안에?

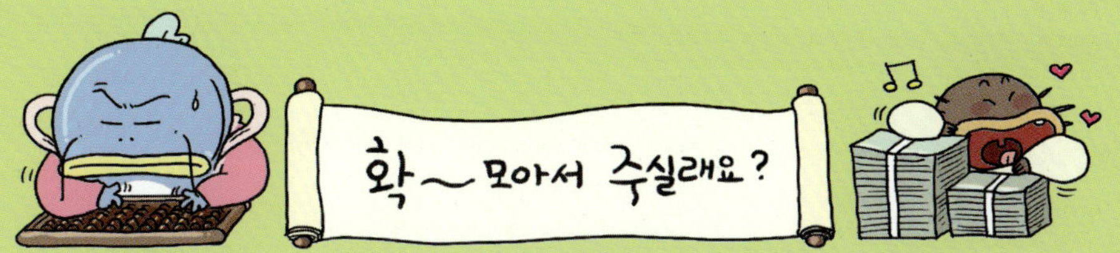
확~ 모아서 주실래요?

+ × +
- ÷ = ?!
저어……
용돈 계산 중

매달 저희 용돈 계산해서 주시려면 아주 귀찮죠?
뭐……, 조금 그렇지.

그래서 말인데요……

어차피 줄 용돈, 1년치를 화악~ 모아서 주시면 편하지 않겠어요?
!

괜찮은 생각이네!
그렇죠? 하하하하!

아싸! 목돈 땡겨서 은행에 넣고 이자 받아야지~
이자
큭큭큭

그럼 네 말대로 용돈은 모아서 내년에 줄게~
내년!

후, 후불인가요?
당연하지!

그냥 하던 대로 매달 받게 해 주세요.
흑……
용돈 계산 중

똑똑한 원숭이가 다시 쓰는 조삼모사 이야기

중국 고사 성어 가운데 '조삼모사'라는 말이 있습니다. 아마 한 번쯤은 들어봤을 겁니다. 몇 년 전에는 인터넷에 패러디 만화가 등장해 큰 인기를 끌기도 했지요.

그러면 원래 고사성어의 뜻을 잠깐 살펴봅시다. 원숭이 주인이 원숭이들에게 도토리를 오전에 3개, 오후에 4개 주겠다고 했더니 원숭이들이 화를 냅니다. 그래서 이번에는 오전에 4개, 오후에 3개 주겠다고 달래니 원숭이들이 그제야 마음이 풀려 좋아하더라는 겁니다.

그런데 나는 사실 이 고사성어가 무슨 말을 하고 싶은 건지 이해를 잘 못 하겠습니다. 여러분은 이해가 가나요?

"아니, 저 쉬운 게 이해가 안 되나? 어차피 하루에 7개 먹는 도토리, 아침에 4개를 먹건 오후에 4개를 먹건 상관없다고. 그런데 빨리 4개 받는다고 좋아하는 원숭이들이 바보라는 얘기잖아."라고 말하고 싶은 거죠?

그래요, 좋습니다. 하지만 지금부터 내가 하는 설명을 들어 보면 아마도 생각이 바뀔지도 모릅니다.

우선 고사성어에 나오는 원숭이들은 경제학적으로 볼 때 절대 바보가 아닙니다. 경제학적으로는 오히려 저렇게 해 놓고 원숭이를 속였다고 좋아하는 주인장이 바보 되겠습니다.

내가 원숭이라면 오전에 받은 도토리 4개 중 1개를 은행에 맡겨 둘 수 있기 때문입니다. 도토리를 맡아 주는 은행이 어디 있냐고 생각할지 모르겠지만, 그냥 예를 드는 거니까 있다고 치고 넘어갑시다.

아무튼 그렇게 도토리를 1개 맡겨 놓으면 이자가 붙습니다. 그래서 오후가 되면 도토리는 원금 1개에 이자가 붙어 1개보다 조금 더 많아집니다. 1.1개라고 해 두죠. (오전에 맡겼는데 오후에 이자를 주는 은행이 어디 있냐고요?

그냥 있다고 치자니까요. 까칠하긴!)

이렇게 이자를 받으면 원숭이는 오전에 3개, 오후에 4.1개의 도토리를 먹을 수 있습니다. 오전에 3개, 오후에 4개를 받는 것보다 확실히 이익인 거죠.

작은 수치라고 무시하면 아니 되오!

위의 예가 억지처럼 보이나요? 절대 억지가 아닙니다. 경제학의 시각으로 바라보면 분명히 도토리를 빨리 받는 것이 이익입니다. 왜냐하면 우리가 살고 있는 사회에는 이자라는 녀석이 있기 때문입니다. 그리고 그 이자는 시간이 지날수록 커집니다. 이런 이유 때문에 당연히 도토리를 1분이라도 빨리 받는 게 유리합니다.

다들 은행 예금 통장을 본 적 있지요? 은행에 돈을 맡기면 이자를 줍니다. 그냥 무조건 주는 건 아니고, 은행에 돈을 맡기고 어느 정도 시간이 지나면 주지요. 여기서 '어느 정도 시간이 지나면'이라는 말은 대단히 중요합니다. 꼭 기억해 두세요.

'아니, 그까짓 이자 몇 푼 된다고 그걸 신경 쓰시나?'라고 생각하는 사람이 있다면 반성하세요. 그런 생각이 드는 건 본인의 통이 커서가 아니라, 경제를 몰라서 그런 거니까요. 여러 번 강조하지만 경제에서는 작은 수치가 매우 중요합니다.

우리나라에서 경제적으로 제일 똑똑하다는 사람들이 모여 **금융통화위원회**를 만듭니다. 이 위원회의 대장이 바로 한국은행 총재입니다. 딱 봐도 중요한 일을 하는 사람 같지요?

위원회에 소속된 위원들은 우리나라에서 제일 유명한 경제 학자들입니다. 이분들이 모여서 뭘 할까요? **기준 금리**라는 걸 정합니다.

기준 금리가 뭐냐고요? 금리는 이자하고 같은 말입니다. 그러니까 기준 금리를 정한다는 말은 그 나라에서 이자를 정할 때 참고할 기준을 만드는 거라고 보면 됩니다.

자, 예를 들어 이자를 4% 준다고 칩시다. 이때 이 4%를 **이자율**이라고 하는데, 쉽게 말하면 이자를 주는 비율입니다.

그럼 이자율이 4%일 때 100원을 맡기면 이자로 얼마를 줄까요? 4원이라고 계산했으면 100점 만점에 100점입니다. 그럼 이자율이 5%면 100원 맡겼을 때 5원 준다는 것도 이해가 되지요?

그런데 돈을 얼마나 오래 맡겨야 이자를 준다는 걸까요? 보통 이자율은 1년 단위입니다. 그러니까 이자율 4%라는 뜻은 100원을 1년 동안 맡기면 4원 준다는 뜻입니다. 6개월 맡기면? 2원밖에 안줍니다. 1년 맡겨야 하는데 절반인 6개월만 맡겼으니까요.

자, 계산을 한번 해 봅시다. 여러분한테 돈이 얼마쯤 있나요? 계산하기 쉽게 10만 원쯤 있다고 칠까요? (호오, 굉장히 부자들이군요.) 이걸 연 이자율 4%로 맡기면 이자가 4,000원이 붙습니다. 5%면 5,000원을 줍니다. 아니, 고작? 이자율이 1%가 올라도 1년 꼬박 기다려 봐야 겨우 1,000원 차이가

납니다. 별거 아닌 것 같지요?

그런데 우리나라에서 제일 똑똑하다는 경제학자들이 모이는 금융통화 위원회에서 이자율을 얼마씩 바꿀까요? 10%? 20%? 아닙니다. 올리건 내리건 0.25%씩 바꿉니다. 1%에도 한참 모자라는, 고작 0.25%란 말이죠.

웃긴 건, 겨우 0.25% 바꾸는 데 나라가 난리가 납니다. 갑자기 이자율을 4%에서 4.25%로 바꾸면 기업들이 앓는 소리를 하고, 수조 원씩 되는 나랏 돈이 이리 저리 휘둘려 움직입니다. 고작 0.25%가 이렇게 엄청난 변화를 가져오는 것이지요. 0.25%가 별거 아닌 숫자 같지만 실제로는 절대로 그렇지 않습니다!

예를 들어 볼까요? 우리나라 국민들, 그러니까 여러분의 아빠 엄마와 같은 일반 국민들이 금융 회사에서 빌린 빚이 무려 800조 원 정도가 됩니다. 그런데 이자율이 0.25% 높아지면 국민들이 갚아야 할 돈이 얼마나 더 불어날까요? 무려 2조 원입니다. 금융통화위원회의 높은 분들이 금리를 0.25%만 높여도 국민 부담이 2조 원 늘어나는 것이지요. 고작 0.25%라고 무시했다간 큰일납니다.

시간이 돈이다!

그럼 다시 이자 이야기로 돌아옵시다. 도토리건 동전이건 아무튼 돈이 되는 걸 은행에 맡기면 이자를 줍니다. (실제로 도토리를 맡아 주는 은행은 없으니, 도토리를 판 돈을 맡긴다고 칩시다.)

앞에서 강조했지만 그냥 주는 게 아니고 '어느 정도 시간이 시나면' 이자를 주는 겁니다. 그런데 그런 생각해 본 적 없나요? 은행이 왜 이자를 줄까요? 그냥 돈을 맡기고 기다렸을 뿐인데, 뭘 잘했다고 돈을 주냔 말이지요.

상식적으로 돈을 벌려면 뭔가 돈이 되는 걸 만들어서 팔아야 합니다. 자동차를 만들어서 열심히 파는 현대자동차 같은 기업이 있습니다. 이런 기업이 하는 일을 '제조업'이라고 부릅니다. 무엇인가 제조한(만든) 물건을 팔아 돈을 버는 것이지요.

그런데 은행에 돈을 맡겨 놓고 가만히 기다리면 이자를 줍니다. 참 신기한 일입니다만, 굳이 자동차 만드느라 용쓰지 않아도 이렇게만 하면 돈을

벌 수 있습니다. 이렇게 돈을 버는 것을 금융이라고 부릅니다. 금(金)은 '돈'이라는 뜻이고, 융(融)은 '뭔가를 잘 흘러갈 수 있도록 만든다.'는 뜻입니다. 그러니까 돈을 잘 흘러갈 수 있도록 만들면, 그것이 돈을 벌 수 있게 해 준다는 말이지요. 이런 일을 금융업이라고 합니다.

자동차를 만들면, 자동차를 필요로 하는 사람에게 팔 수 있습니다. 이렇게 돈을 버는 건 이해가 됩니다. 그런데 돈이 잘 흘러가도록 해서 돈을 벌 수 있다는 것은 무슨 뜻일까요?

이자를 꼭 돈으로 받아야 하나?

자동차를 만들어 파는 것뿐만 아니라, 내가 돈 쓰고 싶은 것을 '참는 것'도 돈을 만들어 내는 행동입니다. 좀 어렵나요? 쉽게 생각해 보죠. 여러분이 최신 스마트폰을 사고 싶습니다. 요금제만 잘 선택하면 30만 원으로 스마트폰을 살 수 있습니다. 그리고 여러분 수중에 30만 원이 있습니다. 이 돈으로 냉큼 전화기를 사면 여러분 수중에는 땡전 한 푼 안 남게 됩니다.

이번에는 "훌륭한 사람이 되기 위해서는 절약해야 한다."는 선생님 말씀을 떠올리며 스마트폰을 안 사기로 결심합니다. 꾹꾹 참습니다.

그런데 마침 친구 중 한 녀석이 도저히 참지 못합니다. 죽어도 지금 스마트폰을 사고 싶어 합니다. 하지만 불행히도 친구는 돈이 한 푼도 없습니다. 스마트폰 살 돈을 벌기 위해 가출을 할지도 모릅니다.

자, 이 상황을 살펴보면 스마트폰을 사고 싶은 마음을 꾹꾹 눌러 참은 것이 단순히 '잘 참았다'에 그치지 않습니다. 잘 참았을 뿐 아니라 다른 훌륭한 일도 할 수 있다는 뜻입니다. 왜냐하면 아낀 돈으로 여러분의 소중한 친구가 가출하는 것을 막을 수 있기 때문입니다. 갖고 있는 30만 원을 친구한테 빌려 주면 되니까요.

내가 참는 대신 친구 한 명을 살렸습니다. 그런데 세상은 냉정합니다. 아무리 친구라도 내 전 재산을 빌려 주는데, 공짜로 줄 순 없지 않습니까? (적절한 대가는 우정을 더 깊게 만들어 준다고요. 믿거나 말거나~)

당연히 공짜로 빌려 주면 안 되죠! 고뇌하는 친구를 도와준 대가로 하다 못해 돈가스라도 얻어먹어야 하지 않을까요? 그래서 돈가스를 얻어먹었습니다. 아주 당당하게요.

바로 이것이 돈을 잘 흐르도록 만들었을 때 돈을 벌 수 있는 금융 행위의 좋은 사례입니다. 내가 쓰고 싶은 욕심을 참는다, 그리고 그 돈을 지금 반드시 써야 하는 사람에게 빌려 준다, 그럼 빌려 쓴 사람은 고마워서 이자를 준다, 이런 거죠.

금융 행위에는 시간이 아주 중요합니다. 일단 친구에게 가서 이렇게 말한다고 칩시다. (이해를 돕기 위해서 드는 극단적인 예니까, 실제로 이런 짓을 하면 안 됩니다!)

"네가 스마트폰을 지금 사고 싶어 하니까, 내가 사고 싶은 욕심을 참고 너한테 돈을 빌려 줄게."

"우아, 고마워! 너 아니면 난 미쳐 버렸을 거야. 넌 진정한 친구야."

"여기 30만 원 있어. 그런데 이거 30분 뒤에 갚아야 해."

"……."

어쩌라고요. 이렇게 말했다가 안 맞으면 다행이죠.

30분 뒤에 30만 원이 생길 친구면 왜 지금 돈을 빌리겠습니까? 그렇잖아요. 그 친구도 다음 설날에 세배를 하고, 매달 용돈을 조금씩 아껴서 돈을 모아야 갚을 수 있지요. 당연히 돈을 모으는 데 시간이 걸릴 겁니다. 그러니까 돈을 빌려 줄 때에는 반드시 어느 정도 갚을 시간을 줘야 합니다.

돈을 빌려 준 여러분은 이 시간이 길어질수록 스마트폰을 사고 싶은 욕심을 더 오래 참아야 합니다. 하지만 인내는 쓰고 열매는 단 법이지요. 오래 참을수록 여러분은 친구에게 더 많은 이자를 요구할 수 있으니까요.

이걸 간단히 정리해 보죠.

30만 원 빌려 주고 30분 안에 갚으라고 한다.

→ 소중한 친구 하나 잃는다!

30만 원 빌려 주고 한 달 안에 갚으라고 한다.

→ 친구가 약간 고마워하며 그 대가로 6,000원짜리 돈가스를 사 준다.

30만 원 빌려 주고 1년 안에 갚으라고 한다.

→ 친구가 돈 갚을 시간을 충분히 줬다고 진정으로 고마워하며 6,000원짜리 돈가스에 1만 6,000원짜리 피자를 얹고, 1,500원짜리 콜라까지 쏜다.

자, 이제 금융이라는 것이 이해가 되나요? 다시 요약해 보겠습니다. 금융은 내가 당장 돈 쓰고 싶은 것을 참고, 지금 미치도록 돈이 필요한 사람에게 일정 기간 동안 빌려 주는 행위입니다.

그 돈이 미치도록 필요한 사람은 감사한 마음에 이자를 냅니다. 그리고 이자는 빌려 주는 기간이 길면 길수록 많아집니다. 나는 돈 쓰고 싶은 욕심을 참은 대가로 돈을 법니다. 돈이 꼭 필요한 사람에게 잘 흘러가도록 만드는 것, 그리고 이것을 통해 돈을 버는 것이 바로 금융입니다.

세계 경제는 금융의 손바닥 안에?

알고 보면 간단한 게 금융입니다. 그런데 솔직히 그게 뭐 얼마나 대단할까 하는 생각이 들지요? 그렇지 않습니다. 금융은 정말로 대단한 위력을 갖고 있습니다.

지금 세상에서 잘사는 나라 하면 떠오르는 곳이 어디인가요? 미국하고 일본이죠? 그런데 잘 생각해 보세요. 그 나라들이 뭘 팔아서 그렇게 잘살고 있는지. 우리나라는 자동차도 잘 만들고, 배도 잘 만들고, 반도체나 휴대 전화도 잘 만드니까 그걸 팔아 돈을 법니다.

생각해 보면 일본도 제품을 잘 만들어서 돈을 법니다. 유명한 외제차 가운데 토요타나 혼다 같은 회사 들어 봤지요? 또 소니 같은 회사에서 TV도 잘 만듭니다. 게임 쪽으로도 끝내줍니다, 닌텐도가 있으니까요.

그런데 미국은? 개들은 뭘 만들어서 팔기에 세계에서 제일 부자 나라가 되었을까요? 여러분 주위에 미국 물건을 사서 쓰는 사람이 있나요? 한때 미국산 자동차가 많이 생산되었지만, 요즘은 인기가 많이 떨어졌지요. 그리고 미국 사람들도 TV는 소니나 삼성전자 제품을 수입해서 씁니다.

요즘은 애플의 아이폰이 대세이지만, 그 전까지 미국 휴대폰은 거의 알려지지도 않았습니다. 휴대폰 하면 삼성하고 노키아였죠. (노키아는 핀란드

미국 뉴욕의 월 가에 있는 거대 금융 기업인 리먼 브라더스(왼쪽)와 모건 스탠리(오른쪽) 건물입니다. 이같은 거대 금융 기업들이 금융 위기의 원인을 제공하여 많은 사람들이 월 가에서 시위를 하기도 했지요.

회사랍니다.) 그리고 미국이 사우디아라비아처럼 석유가 펑펑 나는 것도 아닙니다. 아니, 그러면 도대체 뭐로 돈을 벌어먹고 사는 걸까요?

미국 경제를 지탱하는 중심축이 바로 금융입니다. 뭘 만들어서 파는 게 아니라 돈을 굴려서 세계 최고의 부자 나라가 된 겁니다.

혹시 2001년 9·11 테러라는 걸 들어 봤나요? 무장 단체가 비행기를 납치해 그 비행기로 미국을 공격한 사건입니다. 엄청난 비극이었죠.

그런데 그 비행기가 어디에 있는 빌딩을 덮쳤을까요? 바로 뉴욕의 세계무역센터 빌딩이었습니다. 뉴욕은 미국 금융의 심장이라고 불리는 도시지요. 그리고 세계무역센터는 그중에서도 금융과 무역을 담당하는 핵심 건물입니다. 무장 단체가 미국을 공격할 때 미국에서 가장 중요한 건물을 골라 덮친 것인데, 그게 바로 금융의 중심이었던 것이지요.

２００８년에 미국에서 시작된 세계적인 금융 위기가 찾아왔을 때, 우리 나라도 난리가 났습니다. 사람들이 일자리를 잃고, 아빠들 월급도 깎이고……. 아무튼 몹시 어려운 시기였습니다.

그런데 이 금융 위기는 우리가 뭘 잘못해서 닥친 게 아니었습니다. 순전히 미국에서 잘못한 겁니다. 금융으로 먹고사는 미국의 금융 시스템에 문제가 생긴 거죠.

참 웃긴 게 잘못은 미국 사람들이 했고, 돈 빌려 쓰고 안 갚은 것도 미국 사람들인데, 위기는 전 세계적으로 닥쳤습니다. 미국의 금융이 그만큼 전 세계적으로 영향을 미치고 있다는 뜻이지요.

이처럼 금융은 전 세계를 얽어매고 있는 대단히 중요한 산업입니다. 그래서 우리가 이것을 열심히 공부하는 것이고요.

:: 금융을 알아야 나라가 산다

현대사를 살펴보면 경제 위기니 공황이니 하는 일들이 종종 생깁니다. 경제가 어려워서 사람들이 일자리를 잃고, 부유했던 나라가 단숨에 큰 빚을 지고 가난한 국가로 굴러떨어지는 일 따위 말이지요. 그런데 돌이켜 보면 위기라는 것이 신기하게도 금융 영역에서 시작되는 경우가 대부분입니다. 그래서 위기 이름도 대부분 '금융 위기'라고 불립니다.

그렇다면 금융 위기는 왜 생기는 걸까요? 사실 문제의 원인은 지극히 간단합니다. 금융이란 돈을 돌게 하는 일입니다. 그러므로 금융 위기는 돈이 제대로 돌지 않을 때 생기게 됩니다. 더 쉽게 이야기하면 돈을 빌려 간 쪽이 이를 제대로 갚지 않을 때 문제가 발생하는 겁니다.

2008년 미국에서 시작된 금융 위기도 마찬가지였습니다. 미국 사람들은 우리와 달리 무슨 일이든지 금융권에서 돈을 빌려서 처리하는 것이 아주 자연스럽습니다. 그만큼 금융이 발달해 있기 때문이지요. 차를 한 대 사도, 집을 한 채 사도, 다 돈을 빌려서 삽니다. 그리고 다달이 조금씩 그 돈을 갚아 나갑니다.

이걸 잘 갚으면 아무 문제가 없습니다. 하지만 최근 몇 년 동안 미국 국민들은 '세계 최강대국'이라는 환상에 젖어 국력에 비해 너무 많은 돈을 썼습니다.

특히 부동산 가격이 오르면서 너도나도 집을 산 것이 문제였습니다. 집이 좀 비쌉니까? 대부분 빚이 산더미처럼 쌓이게 되지요. 빚을 잘 갚을 수만 있다면 문제가 없었겠지만, 모든 투기의 역사가 그렇듯이 어느 날 갑자기 집값이 떨어지기 시작하면서, 돈을 못 갚는 사람이 조금씩 늘어나지요. 이제 절대 망할 것 같지 않았던 미국 거대 금융 회사들이 받을 돈을 떼이면서 하나둘씩 문을 닫습니다. 결국 이 여파로 세계 금융 시장이 흔들거렸고, 세계적인 경제 위기가 찾아온 것입니다.

이처럼 금융은 경제를 윤택하게 하기도 하지만, 때로는 나라 전체를 휘청거리게 하는 위기의 원인이 되기도 합니다. 이런 위기를 피하기 위해서 경제와 금융을 잘 배우는 것이 중요합니다.

미국도 금융 위기 이후 정신이 번쩍 들었는지, 2008년부터 초중고 학생들에 대한 금융 교육을 강화했다고 하는군요. 소 잃고 외양간 고치기지만 어쩌겠습니까? 늦었더라도 외양간은 고쳐야지요.

공포 영화보다 더 무서운
날강도, 이자

"야, 1만 원만 빌려 주라. 내일 갚을게."

"응, 대신 이자까지 해서 내일 1만 1,000원 갚아."

"그러지, 뭐."

혹시 이런 거래를 해 본 적이 있나요? 빌려 준 쪽이었나요, 빌린 쪽이었나요? 만약 빌려 준 쪽이라면, 그래서 1만 원 빌려 주고 하루 만에 1,000원을 이자로 받았다면, 당신은 진정한 날강도 되시겠습니다. 날강도 계의 전설이 되는 거죠.

일상적으로 보이는 위 거래를 금융으로 해석해 볼까요?

은행 이자가 보통 4% 정도 합니다. 1년을 맡기면 이자를 4% 준다는 겁니다. 세계에서 주식 투자를 제일 잘한다는 사람들이 1년에 약 10%

수익을 냅니다. 1만 원을 주식에 투자해서 1년 뒤 1만 1,000원을 만드는 것이지요.

다음 장에서 이야기하겠지만 사채라는 게 있습니다. 가끔 영화를 보면 조직폭력배들이 등장해서 돈 빌리고 안 갚는 사람들 때리고 협박하고, 뭐 그런 겁니다. 그런데 이 무시무시한 사채의 이자율도 연 44%를 넘지 못하도록 법으로 정해 놓았습니다. 그보다 이자를 더 높게 받으면 잡혀 가게 됩니다.

자, 그럼 1만 원 빌려 주고 하루 만에 1,000원을 이자로 받은 날강도의 지존께서는 이자율을 얼마로 쳐서 이 거래를 성사시킨 걸까요? "10%!"라고 자신 있게 외쳤다면 이 책 앞부분을 다시 읽어야 합니다.

이자율은 보통 연 단위로 받는 겁니다. 날강도의 지존은 하루에 10%를 받았습니다. 이걸 연 단위로 단순하게 환산하면 이자율이 무려 3,650%입니다. 실제로 '복리법'이라는 복잡한 계산 방식을 사용하면 이자율은 이보다 어마어마할 정도로 더 높게 나오지만, 편의상 그냥 3,650%라고 해 두죠. 이 수치도 나라에서 정해 놓은 44%보다 100배 가까이 높은 것이니까요. 이 이자율을 그대로 적용해서 1만 원을 빌린 뒤 1년이 지나면 어떻게 될까요? 원금 1만 원에 이자 36만 5,000원을 갚아야 합니다. 앞에서 본 거래를 조금 다르게 표현해 보지요.

"야, 1만 원만 빌려 주라. 1년 뒤에 갚을게."
"응, 대신 이자까지 쳐서 1년 뒤에 37만 5,000원 갚아."
알고 나면 이런 거래를 제안할 수 있겠어요? 한마디로 말도 안 되는 거래죠. 그런데 의외로 우리 주변에서 이런 거래를 상당히 많이 볼 수 있습니다. 1만 원 빌리고 하루 뒤 1만 1,000원 갚는 식으로 말이죠. 그러니까 만약 친구가 "1만 원 빌려 줄게, 내일 1만 1,000원 갚아."라고 하면 조용히 옥상으로 데리고 가서 사정없이 때려 주세요. 아니면 경찰에 신고하던가요.

··· 기준 금리

은행에서는 '돈을 맡기면 이자를 4% 준다, 혹은 5% 준다.'는 식으로 광고를 합니다. 그렇다면 이자를 얼마나 줄지 누가 결정할까요?

분식집에서 떡볶이 가격을 얼마로 할 것이냐는 분식집 사장님 마음입니다. 그런데 은행 이자는 그렇지가 않습니다. 은행 이자라는 것이 나라 경제에 워낙 큰 영향을 주다 보니, 이자를 은행 마음대로 결정했을 때 혼란스러운 일이 많이 생깁니다. 그래서 나라에서 어느 정도 큰 범위를 정해 줍니다. 이것이 바로 '기준 금리'입니다.

은행마다 이자가 비슷비슷한 이유가 바로 여기 있습니다. 국민은행은 이자를 10% 주고, 우리은행은 이자를 4% 주면 어느 은행에 돈을 맡길지 결정하기가 참 쉽겠죠? 하지만 슬프게도 이런 경우는 거의 없습니다. 은행은 나라가 정해 주는 기준 금리를 크게 벗어나지 않는 한도 안에서 영업을 하기 때문입니다.

쉽게 말해 기준 금리라는 것은 우리나라 전체 은행 금리의 기준이 되는 것이지요. 이를 위해 우리나라에서 가장 뛰어난 경제학자들이 매월 모여, 심각한 토론을 거친 뒤 수치를 정한답니다.

··· 금융통화위원회

기준 금리를 정하는 회의입니다. 여기서 알아 둬야 할 것은 '통화'라는 단어입니다. 휴대 전화로 하는 통화가 아니고 시중에 유통되는 화폐, 즉 돈이라는 뜻입니다. 경제학에서 '통화량'이라는 말이 나오면(당연히 휴대 전화로 통화한 시간이 아니고) 시중에 공급된 돈의 총 규모를 말합니다. 그러니까 금융통화위원회라고 하면 '원활한 금융을 위해 돈의 공급량을 정하는 회의'라고 해석을 하면 되겠습니다.

... FRB

FRB는 Federal Reserve Board의 약자입니다. 우리말로 하면 연방 준비 제도 이사회인데, 쉽게 말해 미국에서 열리는 금융통화위원회라고 생각하면 됩니다. 그러니까 우리나라의 금융통화위원회처럼 FRB에서는 미국의 기준 금리를 정하고 미국에 공급되는 달러의 양을 조절합니다. 단순한 역할 같지만 이 기구의 파워는 실로 어마어마합니다. 달러가 세계 모든 나라에서 사용되는 돈이다 보니, 달러 금리를 얼마로 할 것이냐의 문제는 세계 경제 전체를 좌우하는 중요한 이슈이기 때문입니다.

이 때문에 FRB의 의장은 막강한 권한을 갖게 됩니다. 앨런 그린스펀 전 FRB 의장은 1987년부터 2006년까지 무려 19년 동안 의장직을 수행했습니다. 재임 기간 중 그린스펀 의장은 '세계 경제 대통령', '통화 정책의 신의 손'이라는 별칭을 들으며 세계 경제에 막강한 권한을 행사했지요.

... 헤지 펀드

헤지(hedge)란 '위험을 대비한다'는 뜻의 영어 단어입니다. 따라서 헤지 펀드는 말 그대로 위험에 대비하는 기금을 뜻합니다. 투자를 하다 보면 큰돈도 벌 수 있지만, 잘못해서 손해를 입을 수도 있습니다. 헤지 펀드는 수익을 내는 것보다 어떻게든 손실을 줄이는 것에 목표를 둔 펀드라고 할 수 있습니다.

따라서 헤지 펀드는 세계 경제가 아무리 어려워도 손해를 내서는 안 된다는 필사적인 사명을 갖고 있습니다. 헤지 펀드는 이 일을 해내기 위해 그야말로 별의별 짓을 다 합니다. 돈이 되는 일이라면 세상 어느 것에라도 투자를 합니다. 또 상대가 못살거나 전쟁 중인 나라라도 상관하지 않습니다. 오로지 돈만 좇는 잔인한 행동도 마다하지 않기 때문에 세계 금융가에 악명이 자자합니다. '금융권의 깡패'나 '지구상의 마지막 해적'이라고 불리는 이유가 여기에 있습니다.

9
부자가 되는 비결을 알려 드립니다

- 돈 많은 사람이 부자가 아니라고?
- 부자들은 동전을 싫어해
- 신용 카드에서 신용을 빼면?
- 은행이 두 얼굴로 돈을 번다고?
- 무 과장도 존재 이유가 있다!
- 돈 있는 사람이 왜 자꾸 빚을 내지?

관련 단원 : 고등학교 경제 I-3 경제 체제의 변천 과정

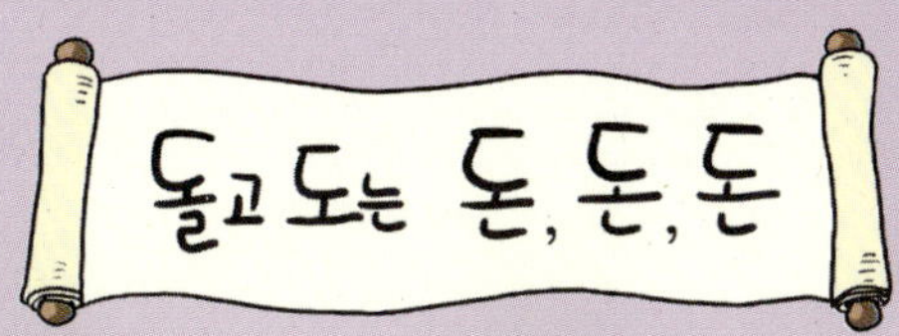
돌고 도는 돈, 돈, 돈

10000

아쉽지만 보내야지.
10000
송사리에게 빌린 돈을
갚으려는 미꾸리.

빌려 준 덕분에
잘 썼어. 여기~
10000
미꾸리 → 송사리

생일 축하해!
사고 싶은 거
사서 써.
10000
송사리 → 송순이

제가 찜했던
그 책 주세요~
OK!
10000
송순이 → 주인아줌마

돈 입금시키러
왔다우~.
은행
10000
주인아줌마 → 은행

예금 인출하신 돈
여기 있습니다.
은행
10000
은행 → 잉어

모여라,
이번 달 용돈~.
감사합니다.
10000
잉어 → 미꾸리

참 이상하네……
10000

그럴 리는 없겠지만
어쩐지 돈이 낯이 익네요.
10000

돈 많은 사람이 부자가 아니라고?

신문 기자가 길 가는 사람을 붙잡고 물었습니다.
"당신이 지금 백만장자가 된다면 어떻게 하시겠습니까?"
"당장 자살하겠소."
"아니, 왜요?"
"난 지금 억만장자거든."

기자가 보기에 백만장자는 엄청난 부자였을지 모르겠습니다. 하지만 억만장자에게 백만장자가 된다는 사실은 자신의 재산이 100분의 1로 줄어든다는 이야기지요. 자살까지는 좀 심해도, 무지하게 상심할 만한 일이긴 합니다.

현대 사회에서 부자의 재산 규모는 실로 엄청납니다. 세계 1, 2위 부자를 다투는 마이크로소프트(MS)의 빌 게이츠 회장이나 버크셔헤서웨이의 워런 버핏 회장 재산이 우리 돈으로 40조~50조 원 정도라고 합니다. 이 정도면 어지간한 나라 두세 개는 사고도 남을 규모이지요.

그런데 우리가 '부자'라고 할 때 기준은 무엇일까요? 바로 돈의 액수입니다. 우리는 흔히 '부자는 돈이 많다'고 생각합니다. 그리고 돈은 부유함을 측정하는 수단이라고 믿고 있습니다.

물론 틀린 말은 아닙니다. 하지만 이 말이 100% 맞는 것도 아닙니다. 지금부터 할 이야기는 여러분이 듣기에 좀 생소한, 하지만 현대 자본주의 경제를 이해하는 데 아주 중요한 것들입니다.

결론부터 미리 이야기해 보겠습니다. 경제의 역사를 살펴보면 '돈'이라는 존재가 부자를 만들었습니다. (부자들이 돈을 번 것이 아니고요!) 그리고 돈은 부자들의 재산을 측정하는 수단이 아니라, 부자들의 재산 자체를 생산해 낸 원동력이었습니다.

원시 시대를 생각해 보겠습니다. 각 부족마다 농사를 짓건 사냥을 하건 그냥저냥 먹고살았을 겁니다. 그리고 서로의 물건을 교환하기도 했겠지요. 돼지 다리 하나 줄 테니 물고기 열 마리 달라……, 뭐 이런 형태의 거래가 생겼을 겁니다.

이때만 해도 사람들은 별로 재물을 모을 욕심이 없었습니다. 원시 시대 사람들이 유난히 착해서가 아니고, 재물을 모으려고 해도 가능하지가 않았기 때문이지요.

돼지 다리를 모아서 저축을 할 수 있을까요? 일주일이면 다 상할 텐데요. 물고기를 모아서 저축하는 것도 마찬가지입니다.

그러던 어느 날, 이들은 좀 더 지혜롭게 물건을 교환하는 방법을 생각해 냅니다. 금이나 은 같은 쇠붙이를 물물교환의 매개체로 쓰는 겁니다. 즉, 돈을 만드는 것이지요.

처음에 돈이 만들어진 이유는 서로 물물교환을 편하게 하기 위해서였습니다. 실제로 크고 무거운(게다가 냄새도 나는!) 물건을 먼 데까지 들고 다니지 않아도 되니까 편했겠지요.

그런데 돈이 생기면서 사람들 마음도 변하기 시작합니다. 미리 저축해 둔 돈만 있으면 언제든지 먹고 싶을 때 돼지 다리나 물고기를 사 먹을 수 있게 되었으니까요. 이제 인류는 놀라운 사실을 하나 발견합니다. '돼지나 물고기와 달리 돈은 저장이 가능하다, 그러니까 돈을 많이 모아 두면 언제나 내가 필요한 것을 살 수 있다.'는 사실입니다.

저장이 가능한가, 가능하지 않은가의 차이는 아주 큽니다. 재산의 저장이 가능해지면서 사람들은 재산을 모을 생각을 하게 됩니다. 좋게 말하면 부자가 대단히 편하다는 것을 알아차린 것이고, 좀 거칠게 말하면 욕심이 생긴 것입니다.

이 모든 것이 화폐가 등장하면서 생긴 일입니다. 처음에는 단순히 교환을 편하게 하기 위해 만들었던 화폐가 급기야 인간 세상을 뿌리부터 바꾸기 시작한 것이지요.

부자들은 동전을 싫어해

인류 역사에서 죽고 죽이고, 빼앗고 빼앗기고 했던 모든 투쟁은 돈을 모으겠다는 마음에서부터 비롯되었습니다. 돈 때문에 계급이 생기고, 강사가 생기기 시작한 거죠. 역사의 강자는 모두 돈을 많이 모았던 사람들입니다.

이 시점에서 화폐는 또 한 번 세상에 큰 변화를 줍니다.

예전에 돈은 전부 금 아니면 은으로 만들었습니다. 그런데 경제 규모가 커지고 상업 교류가 많아지면서 금과 은으로 만든 화폐의 양도 크게 늘어났습니다.

한번 상상을 해 보세요. 말이 금화, 은화지 이건 지폐가 아니고 동전입니다. 동전 자체도 무거운데 부자일수록 양도 많았겠지요. 그러니 이걸 보관하는 데 얼마나 힘이 들었겠어요.

:: 인류 역사상 최고의 부자는 누구?

최근 세계 최고의 부자 순위에서 빌 게이츠 마이크로소프트(MS) 회장이 주로 1위를 차지합니다. 재산이 40조 원 정도 된다고 하는군요.

그렇다면 혹시 인류 역사 전체에서는 누가 제일 부자인지 궁금하게 생각해 본 적 없나요? 사실 계산하기가 쉽지는 않습니다. 우선 해당하는 후보가 황금을 얼마나 갖고 있었는지 확인이 어렵습니다. 그리고 당시 황금의 가격이 얼마인지도 계산해야 합니다. 또 그때의 화폐 가치와 요즘 화폐 가치의 차이도 잘 따져 봐야 하지요.

하지만 이렇게 번거로운 작업을 한 곳이 있습니다. 바로 독일의 〈한델스블라트〉라는 경제 신문사입니다.(고맙긴 한데, 이 신문사도 어지간히 할 일은 없었던 모양입니다.) 이 신문은 2008년 자체 분석을 통해 인류 역사상 최고의 부자 30명을 발표했습니다.

자, 그렇다면 최고 부자는 누구일까요? 여러분이 알고 있는 사람입니다. 바로 미국의 석유왕 록펠러입니다! 록펠러의 당시 재산을 요즘 가치로 바꾸면 무려 360조 원에 이른다고 하네요.

좀 특이한 인물들도 있습니다. 기업인도 아니고 장사를 한 사람도 아닌, 러시아의 마지막 황제 니콜라이 2세입니다. 그는 약 300조 원의 재산을 보유해 3위에 올랐습니다.

로마 시대에 카이사르, 폼페이우스와 함께 삼두 정치를 했던 인물 중 크라수스라는 사람이 있습니다. '삼두'란 로마에서 제일 높은 자리를 차지한 세 명의 머리라는 뜻입니다. 유능한 군인이었던 카이사르, 빼어난 미남이었던 폼페이우스는 국민들로부터 인기가 높아 삼두 정치의 구성원이 됐습니다. 그렇다면 크라수스는 뭘 잘했을까요? 이 사람은 로마 역사상 가장 큰 부자였다고 합니다. 당시 크라수스의 재산을 계산해 보면 요즘 돈으로 190조 원이 된다고 하네요.

이 밖에 미인으로 유명했던 이집트의 클레오파트라, "불가능은 없다."며 유럽을 정복했던 프랑스의 나폴레옹도 역사상 30대 부자 안에 이름을 올렸습니다.

그래서 부자들은 이 화폐를 누군가에게 안전하게 맡겨 둘 생각을 합니다. 이때 등장한 것이 바로 '금 장인'이라는 사람들입니다. 이들은 부자들에게 보관료를 받고 금괴와 금화를 보관해 줍니다.

그리고 부자들에게 종이를 하나 줍니다. 이른바 어음이라는 것이지요. 어음에는 "윌리엄 공은 우리 보관소에 금 10만 냥을 맡겨 두었습니다. 이 종이를 가져오시면 10만 냥을 내 드립니다."라고 써 놓습니다.

윌리엄 공은 무거운 금화 대신 어음으로 물건을 삽니다. 지불해야 할 돈도 어음으로 대신했지요. 어음을 금 장인에게 가져가면 언제든지 금화로 바꿔 주니 거래를 하는 데 아무 문제가 없습니다.

바로 이것이 은행의 시초입니다. 누군가의 돈을 대신 보관해 주고 그 대가를 받는 기관이 하나둘씩 생겨난 겁니다.

초기 은행은 그냥 보관소의 역할만 하고 있었습니다. 그러다 시간이 지나면서 금 장인들은 놀라운 사실을 발견하게 됩니다. 이제부터 요즘 말을 사용하겠습니다. 금을 맡기는 것을 예금이라고 하고, 금을 찾아가는 것을 인출이라고 부르기로 하지요.

금 장인들이 가만히 지켜보니 부자들은 대체로 인출하는 돈보다 예금하는 돈이 더 많습니다. 그러다 보니 보관 창고에는 항상 일정액 이상의 금이 남아 있다는 사실을 알게 되었지요.

물론 이 금은 장인의 것이 아닙니다. 부자들이 와서 "내놔!" 하면 내줘야 합니다. 하지만 경험상 부자들이 한꺼번에 몰려와서 돈을 찾는 경우는 거의 없습니다. 예금액과 인출액을 모두 더하고 빼 보면 항상 어느 정도 금화가 창고에 남아 있었던 것이지요.

　드디어 장인은 새로운 돈벌이에 눈을 떴습니다.

　'저기 창고에 보관되어 있는 돈(물론 내 돈은 아니지만)으로 이자 놀이를 하면 어떨까? 그러니까 저 돈을 필요한 사람한테 빌려 주고 이자를 받으면 큰 이익이 되겠는데…….'

　이렇게 대출이라는 것이 시작됩니다. 물론 빌려 주는 돈이 장인 돈이 아니고 부자들 돈이니, 돈을 빌려 줬다가 못 받는 사태가 생기면 장인이 책임을 져야 합니다. 하지만 이런 위험을 감수하고서라도 돈을 빌려 주고 짭짤한 이자를 받고 싶어 하는 장인들이 많았습니다.

　대출 사업이 본격적으로 시작되면서, 장인들은 부자들을 쫓아다니면서 자기한테 금을 맡겨 달라고 부탁합니다. 예금이 많아야 빌려 주는 돈이 늘어나고 이자도 많이 받을 수 있으니까요. 더 많은 예금을 유치하기 위해 보

:: 이자는 무슨, 보관료나 내세요!

은행에 예금을 하러 갔습니다. 그런데 은행 직원이 엄청 거만한 표정으로 "우리 은행은 이자 같은 건 없고요, 예금하시려면 원금의 4% 정도를 보관료로 내셔야 해요. 정 고까우시면 다른 은행을 알아보시든가요."라고 말했다면 믿어지나요?

그런데 실제로 이런 은행이 있습니다. 유럽의 금융 강국 스위스의 은행들입니다. 스위스는 세계에서 가장 잘사는 나라 가운데 하나입니다. 사실 스위스는 알프스 산 주변에 자리 잡은 산악 국가여서 먹고살 게 없는 곳입니다. 농사도 안 되죠, 교통이 불편해서 공업도 쉽지 않습니다. 알프스 관광이요? 그게 요즘에나 관광이지, 옛날 알프스는 관광지가 아니라 산적이 들끓던 험악한 산이었습니다.

이처럼 알프스 시골에서 어렵게 살던 스위스가 지상의 낙원으로 성장하게 된 결정적인 원동력이 바로 금융입니다. 스위스 금융의 핵심에는 '고객 비밀주의'가 있습니다. 현재 세계 대부분의 나라는 법에 따라 수사 기관이 고객의 계좌를 열어 볼 수 있도록 해 놓았습니다. 그러니까 범죄자가 나쁜 짓을 해서 은행에 돈을 몰래 맡기면 경찰이 그 계좌를 추적해 다시 빼앗아 올 수 있는 것이지요.

그런데 스위스에서는 이게 불가능합니다. 스위스 은행들은 "나쁜 놈이 맡겼든, 착한 분이 맡겼든 고객 돈은 고객 돈이다. 고객의 비밀은 무슨 일이 있어도 지켜야 한다."고 주장합니다. 이것을 '고객 비밀주의'라고 하지요.

이 덕에 강도, 도둑, 마피아, 테러 집단, 탈세범, 경제 사범, 쫓겨난 독재자……. 아무튼 세계에서 구린 돈을 갖고 있는 온갖 범죄 집단의 돈은 죄다 스위스로 모여듭니다.

스위스 은행은 이들의 비밀을 보장해 주는 대신에 보관료를 받습니다. 이게 현재 스위스 금융의 핵심 경쟁력입니다. 미국 등 여러 강대국들이 탈세범이나 범죄자를 잡기 위해 고객의 비밀을 공개하라고 스위스를 압박한 적이 한 두 번이 아닙니다. 하지만 그럴 때마다 스위스 정부나 의회는 이를 거부합니다.

"스위스는 진짜 지상의 낙원이야."라고 말하는 사람들을 보면 웃음이 나옵니다. 전 세계 범죄자들의 돈을 모조리 끌어들여 건설한 지상의 낙원, 과연 그게 자랑스러운 일일까요?

관료도 깎아 줍니다. 그래도 안 되면 보관을 공짜로 해 줍니다. 그래도 안 되니까 결국 예금을 하면 그 대가로 보관료를 받는 게 아니라 오히려 돈을 주게 되었습니다.

이것이 바로 **예금 이자**입니다. 우리가 앞에서 알아봤듯이, 돈이 남는 사람에게 예금을 받아 부족한 사람에게 빌려 주는 이 금융 행위는 화폐의 등장 못지않게 세상을 또 한 번 뿌리째 바꿔 놓게 됩니다.

신용 카드에서 신용을 빼면?

한 고객이 단골 레스토랑에 갔습니다. 우아하게 식사를 하고 나오는데 "아차, 지갑을 안 가져왔네요." 뻘쭘하게 사정을 이야기하니까 레스토랑 사장님이 걱정 말라는 표정으로 이렇게 말합니다.

"아니, 사장님이 우리 가게에 얼마나 소중한 고객인데요. 외상으로 해 드릴 테니 걱정 마시고 그냥 가세요. 아, 돈이야 다음에 와서 주시면 되죠. 그냥 가시기 찝찝하시면 요기 외상 장부에 사인만 좀 해 주세요."

그래서 이 고객은 외상 장부에 이름을 적고 내야 할 금액을 확인한 뒤 서명을 합니다.

그런데 레스토랑 주인이 가만 보니 이런 사람들이 꽤 됩니다. 지갑을 안 가져온 사람, 식사 중에 술을 마시고 취해서 정신이 없는 사람, 돈이 모자라는 사람…….

단골 고객들에게는 외상을 줘도 불안하지가 않습니다. 반드시 갚을 것이라는 믿음이 있는 사람들이니까요. 그래서 레스토랑 사장님에게 새로운 아이디어가 떠오릅니다.

'돈이 모자란 단골들에게는 외상을 주자. 언젠가는 갚을 거니까. 그런데 이 사실을 널리 알리고 공식적으로 발표하는 게 좋겠다. 그래야 당장 돈이 없어도 와서 밥을 먹지. 아예 단골들에게는 VIP용 외상 장부를 따로 만들어서 관리하자. 단골들은 언제든지 돈 없이도 와서 식사를 할 수 있게 하고, 돈은 장부에 맞춰 매달 말에 한꺼번에 받도록 하자!'

이 사건은 약간 각색은 했지만 실제 있었던 일입니다. 그리고 바로 이 외상 사건이 신용 카드 탄생의 배경이 되었습니다. 세계 최초의 신용 카드는 1950년 미국 뉴욕에서 탄생한 다이너스 카드(Diners card)입니다. 이 카드는 글자 그대로 저녁 식사(디너, Dinner) 때 식당에서 외상을 하기 위해 만든 것입니다.

신용 카드의 기본 개념은 이렇습니다. 고객은 외상으로 물건을 산다, 그리고 돈은 매월 말에 한꺼번에 갚는다.

그런데 이 거래가 이뤄지기 위해서는 반드시 해결해야 할 문제가 있습니다. 바로 고객이 매월 말에 돈을 떼어먹지 않고 반드시 갚을 것이라는 신용이 있어야 한다는 점입니다.

레스토랑 사장님과 단골 고객이야 안면이 있으니 서로 신용이 있겠지요. 하지만 단골이 아니면요? 난생처음 보는 사람이 외상으로 먹겠다고 하

면, "이게 나를 언제 봤다고 외상 질이야!" 하는 소리가 저절로 나오지 않겠어요?

이때 등장하는 것이 신용 카드 회사입니다. 카드사는 이처럼 단골이 아닌 고객도 마음대로 외상을 할 수 있도록 신용 카드를 발급합니다.

난생처음 보는 고객이라도 카드를 꺼내면 사장님은 생글생글 웃으며 순순히 외상을 줍니다. 뭘 믿고요? 바로 카드 회사를 믿는 겁니다.

만약 이 고객이 월말에 외상값을 안 갚으면 신용 카드 회사가 대신 돈을 갚아 줍니다. 고객에게 돈을 받아 내는 건 신용 카드 회사의 의무입니다. 카드사는 이 같은 일을 해 주고 약간의 수수료를 받습니다.

우리는 앞 장에서 금융이 무엇인지 배웠습니다. 한쪽에서 돈이 남으면 그것으로 필요한 사람에게 융통시키는 것이라고요.

신용 카드도 같은 경우입니다. 외상을 해야 하는 고객은 돈이 필요한 사람이고, 고객의 외상을 보장해 주는 카드사는 돈이 남는 쪽입니다. 만약 고객이 돈을 못 갚으면 카드사는 회사 돈으로 일단 이를 갚습니다. 그래서 카드사는 항상 일정 금액 이상의 현금을 가지고 있어야 합니다. 즉 금융을 위해 남는 돈을 비축해 두는 것이지요.

생각해 보면 완전 꿩 먹고 알 먹고, 도랑치고 가재 잡는 격입니다. 고객은 돈이 없어도 외상할 수 있어서 좋고, 사장님은 수수료만 조금 내면 매출도 늘고 외상값 떼일 걱정이 없어서 좋고, 신용 카드 회사는 특별히 하는 일 없이 수수료를 받아서 좋습니다.

그런데 여기에 아주 중요한 사실이 있습니다. 이게 잘못될 가능성이 있다는 겁니다. 어떤 경우일까요? 30초만 생각해 보세요.

정답을 찾으셨나요? 정답은 바로 외상을 한 고객이 돈을 못 갚는 경우입니다. 세계 역사상 '금융 위기'라고 불렸던 모든 사건의 원인은 단 하나, 돈 빌린 사람이 그걸 갚지 못하면서 생기는 겁니다!

물론 외상값을 못 갚아도 레스토랑 사장님은 일단 걱정이 없습니다. 카

드사가 돈을 대신 주니까요. 하지만 카드사는 입장이 다릅니다. 수수료 조금 받고 외상 보증을 해 줬는데, 고객이 수백만 원 외상값을 안 갚고 도망가 버리면 문제가 심각해집니다. 특히 이런 사람이 한 두 명이 아니고 수백, 수천 명이라면 카드사는 쫄딱 망할 수밖에 없습니다.

그래서 카드사는 아무나 회원으로 받아들여 카드를 주지 않습니다. 카드사는 반드시 고객의 신용을 먼저 살펴봅니다. 신용이란 한 사람의 지불 능력이 어느 정도인지를 말하는 것입니다.

카드 회사는 고객의 신용을 알아보기 위해 통장이 있는지, 월급은 얼마나 받는지, 다른 금융 거래는 잘했는지 등 꼼꼼히 살핍니다. 그리고 문제가 없다고 확인이 됐을 때 비로소 신용 카드를 발급하는 것이죠.

경제에서 신용이 얼마나 중요한지 예를 들어 보겠습니다. 2004년 우리나라에 신용 카드 대란이라는 사건이 있었습니다. 나라가 망하네 마네 할 정도로 엄청난 위기였지요. (이런 거 알고 있으면 입시나 취업 면접에 상당히 유익하답니다!)

그 당시 갑자기 신용 카드 붐이 일어나면서 너도나도 신용 카드를 발급받게 됩니다. 카드 회사들은 완전 신이 났습니다. 그냥 신만 나면 좋은데 이들이 욕심을 부리기 시작합니다. 좀 더 많은 회원을 확보해서 돈을 더 많이 벌어 보자는 생각을 한 것입니다.

게다가 카드 회사들끼리 경쟁이 붙었습니다. 한 명이라도 회원을 더 확보하려고 난리입니다. 카드 쓰면 포인트 팍팍 적립해 주고, 영화표도 공짜로 주고……. 이러다가 넘어서는 안 될 선을 넘었습니다.

신용 카드 회원을 길거리에서 모집하기 시작한 것이죠. 지하철역, 백화점 로비, 야구장, 극장 앞 등등 신용 카드 영업 사원들이 전국 곳곳을 누비기 시작합니다. 회원 수 늘리기에 급급한 카드 회사들은 고객의 신용이 있는지 없는지 여부를 절대 확인하지 않습니다. 돈을 벌지 않는 대학생들도 지하철에서 쉽게 카드를 발급받습니다.

이제 지갑 안에 카드 4~5장씩 넣고 다니던 사람들이 이 물건 저 물건 막 사기 시작합니다. 물건이 잘 팔리니 기업들 실적도 좋아지고, 경제도 좋아집니다. 나라 경제가 잘 굴러가는 것 같습니다. 카드 회사들은 더 힘을 내

서 열심히 회원을 모집합니다.

자, 이제 서서히 문제가 생깁니다. 신용도 없으면서 신용 카드로 마구 물건을 사던 사람들이 카드 결제일에 돈을 갚지 못합니다. 신용 카드는 근본적으로 외상인데, 외상값을 마련하지 못하는 사람들이 생기기 시작한 것이지요. 이런 사람들이 하나둘씩 늘어나면서 신용 카드 회사들이 자금난에 빠집니다.

여기에 물건을 외상으로 판 가게에서는 외상값을 신용 카드사에 청구합니다. 카드 회사들의 돈줄이 더 말라 갑니다. 마침내 이름만 대면 누구나 아는 대기업 신용 카드사들이 픽픽 쓰러지기 시작합니다. 결국 회사들이 쓰러지면서 나라 경제도 위기에 빠지게 됩니다. 이것이 바로 '신용 카드 대란' 사건의 내용입니다.

이 문제의 원인은 간단합니다. 신용 카드 회사들이 카드를 발급할 때 카드 사용자가 돈을 갚을 능력이 있는지, 신용 확인을 하지 않았기 때문입니다. 그러고는 무리한 확장을 하다가 회사도 망하고, 나라 경제도 타격을 받은 것이지요. 이제 '신용'이 얼마나 중요한지 알겠죠?

:: 지하 경제와 신용 카드

여러분 부모님께 한번 여쭤 보세요. 혹시 어렸을 때 영수증을 모아서 은행에 갖다 준 적 있냐고요. 아마 대부분 그런 경험이 있다고 답하실 겁니다. 그때에는 영수증을 모아서 종이에 붙여 은행에 가져가면 300원에서 500원 정도 돈을 줬습니다. 영수증이라는 건 기본적으로 물건을 사면 다 줍니다. 그런데 그걸 은행에 가져가면 왜 돈을 줬을까요?

바로 지하 경제 때문입니다. '지하 경제'란 지하실에서 공부하는 경제가 아니라, 나라에 내는 세금을 피하기 위해 남 몰래 물건을 사고파는 것을 말합니다.

세금을 어떻게 하면 덜 낼 수 있을까요? 간단합니다. 돈을 못 버는 척하면 세금을 덜 낼 수 있습니다. 동네에 있는 작은 가게에서 물건을 사면 영수증을 잘 주지 않으려고 합니다. 왜 그럴까요? 영수증을 찍는 순간 그 영수증에 찍힌 거래는 전산화가 되어 국세청에 신고가 됩니다. 그 가게가 물건을 얼마나 팔았으며, 돈을 얼마 벌었는지 나라에서 다 알게 되는 것이지요. 가게 주인 입장에서는 최대한 돈을 덜 버는 척하고 싶습니다. 그래야 세금을 덜 내니까요. 그래서 영수증을 잘 주지 않는 겁니다.

그래서 영수증을 은행에 가져오면 일정액을 돌려주는 제도가 만들어진 것이지요. 이렇게 하면 사람들이 영수증을 많이 받을 것이고, 그러면 지하 경제가 줄어 세금을 많이 걷을 수 있게 되니까요.

그런데 이런 문제를 단번에 해결할 수 있는 방법이 생겼습니다. 바로 신용 카드를 사용하는 겁니다. 신용 카드는 외상 거래이기 때문에 카드 사용 내역이 신용 카드 회사에 남아 있습니다. 기록이 있어야 외상값을 받을 수 있으니까요. 정부는 어느 가게에서 물건을 얼마나 팔고, 돈을 얼마 벌었는지 신용 카드 회사 기록만 보면 쉽게 알 수 있습니다. 신용 카드 사용이 지하 경제를 줄이는 데 크게 이바지를 한 셈이지요.

이 때문에 우리나라 정부는 1999년부터 국민들에게 신용 카드 사용을 적극 권장합니다. 여기에 신용 카드를 열심히 쓴 사람들에게는 연말에 세금을 왕창 깎아 주기까지 했습니다. 이렇게 해도 신용 카드 사용이 늘면 지하 경제를 잡아내 더 많은 세금을 걷을 수 있으니까요.

앞으로는 물건을 사고 나서 영수증을 꼬박꼬박 받으세요. 그러면 나라에서 걷는 세금이 늘어나서 나라 재정이 튼튼해진답니다.

은행이 두 얼굴로 돈을 번다고?

이제 금융 기관의 꽃이라고 불리는 은행에 대해서 알아볼 차례입니다.

우선 한 가지 알아 둬야 할 단어가 있습니다. 예대마진이라는 녀석입니다. 예대마진이란 예금과 대출 사이의 간격을 말합니다. 예금을 하면 은행이 이자를 주지요. 반대로 대출을 받으면 은행에 이자를 내야 합니다. 이 두 이자 사이의 차이를 예대마진이라고 합니다.

참고로 마진은 영어 단어입니다. 영어로 margin이죠. 마진을 한자인 줄 알고 있는 사람들이 있습니다. (예전엔 나도 그랬습니다. 무식해서 죄송합니다!)

은행이 뭘 하는 곳일까요? 좀 거칠게 말하면 예금 받은 돈으로 돈놀이하는 곳입니다. 예금하는 사람한테는 이자를 조금 주고, 예금한 돈으로 대출을 하는 사람한테는 이자를 많이 받는 곳이라는 뜻입니다. 예대마진이란 바로 이 차이를 말하는 것이지요.

이 일을 하려면 전제가 몇 가지 있습니다. 하나는 사람들이 맡기는 예금 액수가 빌려 가는 대출 금액보다 항상 많아야 한다는 점입니다. 예금이 많아야 그 돈을 빌려 주건 말건 하겠지요.

또 하나는 돈을 맡긴 사람들이 한꺼번에 돈을 왕창 찾아가면 안 된다는 겁니다. 예금 받은 돈으로 대출해 주느라 여기저기 돈을 쓰는 바람에 예금 주인들에게 한꺼번에 돌려줄 돈이 없기 때문입니다.

이 때문에 은행은 예금하는 사람들에게 항상 1년, 혹은 3년 식으로 몇 년 동안 의무적으로 돈을 맡길 것을 권합니다. 그래야 그 기간 동안 안심

하고 '돈 빌려 주는 장사'를 할 수 있으니까요. 그래서 그냥 돈을 맡겨 두는 것보다 1년 정기 예금, 3년 정기 예금 등 기간을 딱 정해 두고 돈을 맡기면 이자를 더 높게 줍니다.

여기서 또 한 가지 알아 둬야 할 점이 있습니다. 은행은 아무한테나 돈을 빌려 주는 것이 아니라, 돈을 갚을 신용이 확인된 사람한테만 빌려 준다는 점입니다. 예를 들어 월급을 꼬박꼬박 받는 사람이라는 증명서가 있거나, 집을 한 채 갖고 있어서 돈을 못 갚을 상황이 되었을 때 집이라도 팔 능력이 있거나 하는 사람들 말이지요.

은행에 돈을 빌리러 가면 신용 있는 사람인지 아닌지 심사하느라 몇 시간씩 걸립니다. 그러더니 결국 다음 날 "자격이 안 되어 못 빌려 드립니다."라며 염장을 지르기도 하지요. 이것은 은행이 금융 위기라는 것에 대해 잘 알고 있어서 철저하게 안전 위주의 경영을 하기 때문입니다.

따라서 자격 없는 사람이 은행에 가서 "대출 이자 8%에, 5% 더 얹어 13%

낼게요. 돈 좀 빌려 주세요" 하고 조르면, 바로 경비원한테 끌려 나갑니다. 그러니까 좀 심하게 말해서 은행은 귀족적인 금융 기관입니다. 돈을 빌리려고 해도 능력 있는 사람에게만 빌려 주는 곳이지요.

그렇다면 여기서 질문 하나!

만약에 은행에서 돈을 빌릴 수 없는 사람이 갑자기 돈이 필요하면 어떻게 해야 할까요? 주변에 이런 사람들 무지 많습니다.

갑자기 가족이 병에 걸렸다, 사업을 하는데 내일까지 물건 값을 내야 한다, 교통사고가 났는데 치료비가 없다, 이런 중대한 일이 생겼는데도 신용이 충분하지 않은 사람들은 돈을 절대 빌려 쓸 수 없는 것일까요?

무 과장도 존재 이유가 있다!

여기서 우리는 요즘 TV를 켜면 하루가 멀다 하고 등장하는 대출 회사(봉식이와 무과장이 대표적이지요.)를 만나야 합니다. 이들은 TV 광고에 쉴 새 없이 등장해서 돈 좀 빌려 가라고 난리를 칩니다.

도대체 애들은 뭐 하는 애들일까요? 이른바 **제2금융권**이라고 불리는 금융 기관입니다.

이런 금융 기관들은 은행에서 돈을 빌리기에 신용이 모자란 사람들을 대상으로 돈을 빌려 줍니다. 아, 참 착한 기관들이군요. 그런가요?

그렇지 않습니다. 이들은 신용이 부족한 사람한테 돈을 빌려 주는 대신에 이자를 높게 받습니다. 그것도 좀 심하다 싶을 정도로 높게 받지요.

가만 생각해 보자……, 그럼 얘들은 나쁜 놈들이네!

그런가요? 사실 그렇지도 않습니다. 이런 금융 기관이 없으면 당장 급하게 돈 쓸 일이 있으나 신용이 부족한 사람들은 큰일이 납니다. 가족이 교통사고가 났는데 당장 치료비가 없습니다. 은행은 돈을 안 빌려 줍니다. 이럴 때 제2금융권이 없으면 가족이 죽을 수도 있습니다.

그러면 제2금융권은 나쁘지도 않고 좋지도 않은가요?

그게 정답입니다.

워낙 이들에 대해 나쁘게 묘사하는 영화나 드라마가 많아서 그렇지, 제2금융권은 엄연히 나라에서 승인한 금융 기관입니다. 나쁠 것도 없고 좋을 것도 없지요.

신용이 부족한 사람한테 돈을 빌려 준다는 것은 그만큼 돈을 떼일 확률이 높다는 이야기입니다. 이들은 이런 위험을 감수합니다. 그 대가로 이자를 높게 받는 것입니다. 물론 제2금융권 기업들이 떼인 돈 받으려고 돈 빌린 사람을 가두고 때리고 한다면 이건 당연히 불법입니다. 이게 정말 나쁜 짓이지요. 하지만 법에서 정한 이자를 받고 돈을 빌려 주는 일 자

체가 나쁜 것은 아닙니다.

이 차이를 이해하는 것은 대단히 중요합니다. "TV에서 매일같이 광고하는 회사에 가 보니까 대출 이자가 연 40%더라. 은행은 8%인데! 이런 도둑놈들!" 하고 분개하는 것은 경제학적이지 않습니다. 그 회사 입장에서 보면 돈 떼일 위험이 큰 만큼 당연히 이자를 높게 받는 것이니까요.

돈 있는 사람이 왜 자꾸 빚을 내지?

여기서 경제학적으로 아주 중요한 사실을 하나 짚어 보겠습니다. 우리가 흔히 '빚'이라고 하는 것……. 이건 좋은 걸까요? 나쁜 걸까요?

이것 역시 정답은 '좋은 것도 아니고, 나쁜 것도 아니다.'입니다. 잘 쓰면 좋은 거고 잘못 쓰면 안 좋은 겁니다. 너무 뻔한 대답 아니냐고요? 그렇지 않습니다.

지금 바로 부모님한테 달려가서 여쭤 보세요.

"엄마, 빚을 내서 사업하는 건 좋은 거예요? 나쁜 거예요?"

그러면 바로 이런 대답이 돌아옵니다.

"얘가 미쳤니? 사업을 해도 빚 없이 해야지. 너, 빚 잘못 내면 집안 다 말아먹고 난리 나! 큰일 날 소리하고 있어!"

이럴 때 여러분은 조용히 이 책을 부모님 앞에 들이밀어야 합니다. 읽어 보시고 경제학 공부 좀 하시라고요.

빚을 내서 사업하는 건 좋은 것도 아니고 나쁜 것도 아닙니다. 그 증거가 있습니다. 이 세상에 빚 안 내고 사업하는 회사가 거의 없다는 사실입니다. 삼성이건 LG건, 이름난 회사들을 다 찾아봐도 전부 빚이 있습니다. 미국 회사인 구글, 마이크로소프트, 애플 등도 다 마찬가지입니다.

다만 이 회사들이 진 빚이 100억 원이면 실제 회사가 갖고 있는 돈은 그보다 훨씬 많은 경우가 대부분이죠. 아니, 그러면 빨리 갚아 버리지 왜 빚을 남겨 두고 있냐고요? 여기서 경제학이 말하는 합리적인 사고가 필요합니다.

예를 들어, 여러분이 100만 원으로 이렇게 저렇게 잘 해서 1년 안에 110만 원으로 불릴 수 있다고 합시다. 은행에서 돈을 빌려 줄 때 대출 이자는 8%입니다. 이 경우, 여러분이 은행에서 돈을 빌리는 게 유리할까요, 그냥 가만히 앉아 있는 게 유리할까요?

이럴 때에는 필사적으로 돈을 빌려야 합니다. 100만 원 빌리면 연말에

:: 이자의 이자, 복리의 마술

여러분이 이 책을 읽고 부모님께 가서 "책에서 봤는데요, 빚은 나쁜 게 아니래요. 빚은 있어도 좋은 거래요." (혹시나 몰라서 책에 얼굴 사진을 안 넣었습니다.)라고 할지도 모르겠습니다. 부탁인데 부디 정확하게 말씀드려 주세요. 나는 '빚은 좋은 거다.'라고 절대 말하지 않았습니다. 다시 한 번 말하지만 빚은 좋은 것도, 나쁜 것도 아닙니다. 그 사이에 있는 금융 행위일 뿐이지요.

그런데 빚을 낼 때 한 가지 꼭 확인해야 할 것이 있습니다. 많은 사람들이 빚 때문에 고생하는 이유는 빚으로 얻을 수 있는 이익과 빚을 얻을 때의 비용, 즉 나가는 돈의 이자 계산을 제대로 하지 못하기 때문입니다. 특히 가장 많이 틀리는 것이 바로 빚 이자의 복리 계산입니다.

은행에서 100만 원을 빌렸습니다. 연 이자율이 8%입니다. (실제로 은행에서 돈을 빌릴 때 이자율이 이 정도입니다.) 이럴 때 1년 뒤 갚아야 하는 돈은 얼마일까요?

108만 원! 정답입니다. 진짜 쉽습니다. 원금 100만 원에 이자 8만 원입니다.

이번에는 그 돈을 안 갚고 1년을 더 버텼습니다. 2년째 갚아야 하는 돈은 얼마일까요? 1년 더 지났으니까 이자 8만 원 더 붙어서 116만 원! 틀렸습니다. 그렇게 쉬우면 문제를 내겠어요?

이자를 계산할 때에는 복리로 계산을 합니다. 복리는 단순히 원금의 8%만 이자를 내는 것이 아니고 원금에 이자가 붙으면 그 이자까지 원금으로 계산하는 방법입니다.

예를 들어 보면 훨씬 쉽게 다가옵니다. 100만 원을 빌리고 1년이 지나면 이자가 8만 원이 붙습니다. 그걸 안 갚고 또 1년이 지나면 2년째에는 원금을 100만 원이 아니라 108만 원으로 계산합니다. 첫 해에 안 갚은 이자까지 원금으로 들어가는 거지요. 따라서 2년째 붙는 이자는 원금 108만 원의 8%, 즉 8만 6,400원이 됩니다. 모두 합하면 2년 뒤 갚아야 할 돈은 116만 6,400원이 되는 거지요. "아니, 116만 원이나 116만 6,400원이나……. 그게 얼마나 차이 난다고 쪼잔하게 이러시나요?"라고 묻는다면 이 책을 처음부터 다시 봐야 합니다. 경제에서는 아주 작은 수치에 민감해야 한다고 반복해서 이야기했으니까요.

실감나게 한번 계산해 보지요. 제2금융권에서 돈을 빌리면 보통 연 이자가 30%가 넘습니다. 일단 연 이자율이 36%라고 가정하고 계산해 봅시다. 연 이자율 36%를 복리로 하면 2년마다 원금이 거의 곱절로 불어납니다. 믿어지나요? 실제로 그렇습니다. (심심하면 한번 계산해 보세요~) 더 실감나게 이게 얼마나 대단한 이자인지 살펴보겠습니다.

100만 원을 빌렸습니다. 매년 이자 36만 원만 붙는다고 잘못 계산하고(이렇게 계산하는 것을 '복리 계산'이 아니라 '단리 계산'이라고 합니다.) 10년을 보냈을 때 갚아야 할 돈은 원금 100만 원에 이자 360만 원, 모두 460만 원이 됩니다.

그런데 이걸 복리로 정확히 계산하면 얼마가 될까요? 2년이 지나면 갚아야 할 돈이 원금의 곱절이 된다고 했습니다. 2년 뒤 200만 원이 됩니다. 4년 뒤에는? 200만 원의 곱절인 400만 원입니다. 다시 2년이 지난 6년 뒤에는? 이번에는 400만 원의 곱절인 800만 원입니다. 8년 뒤에는? 1,600만 원입니다. 10년 뒤에는 무려 갚아야 할 돈이 무려 3,200만 원입니다.

이제 차이가 확 느껴지나요? 단리법으로 잘못 계산했을 때 갚아야 하는 460만 원하고는 비교가 되지 않습니다. 이래서 복리가 무서운 겁니다. 더 무서운 것은 여기서 2년이 더 지나면 갚아야 할 돈은 6,400만 원이 됩니다. 2년 더 지나면 1억 2,800만 원이 되지요. 봉식이네 회사에서 돈 100만 원 빌리고 14년만 개기면 1억 2,800만 원을 갚아야 하는 겁니다.

이처럼 '빚은 좋은 것도 아니고 나쁜 것도 아니다, 빚도 잘 쓰면 자산이다.'라고 말할 때에는 빚에 따른 이자를 정확히 계산했다는 선세가 있어아 힙니다.

110만 원이 됩니다. 이자 8만 원을 내고도 2만 원이 남습니다. '절대 빚내서 사업하면 안 된다.'는 것은 경제학적인 사고가 아닙니다. 빚을 내도 빌린 돈으로 이자 이상을 벌 수 있으면 빌려야 합니다.

자, 한 단계 더 나갑니다. 마찬가지로 100만 원으로 1년 안에 110만 원을 만들 수 있습니다. 그런데 여러분은 은행에서 빌린 100만 원의 빚이 이미 있습니다. 그러다 갑자기 로또의 행운으로 100만 원이 수중에 들어왔습니다.

'빚이 있으면 찜찜해서 못 산다. 항상 빚부터 갚아라.'는 부모님의 말씀이 기억납니다. 이때 빚을 갚아야 할까요?

아닙니다. 이럴 때에도 빚을 갚으면 안 됩니다. 빚을 갚으면 속은 편해지겠지만 경제학적으로는 빵점짜리 선택입니다. 무조건 그 100만 원을 들고 110만 원으로 불려야 합니다. 이자는 끽해 봐야 8만 원입니다.

왜 우리나라 대기업들이 돈을 잔뜩 갖고 있으면서도 빚을 지고 있는지 이제 이해가 되나요? 그 돈으로 회사에서 뭔가를 하면 은행에 물어야 하는 이자보다 더 많은 돈을 벌 수 있기 때문입니다.

여기서 중요한 것은 돈을 빌렸을 때, 빌린 돈으로 내야 하는 이자보다 더 큰 대가를 얻을 수 있느냐 하는 것입니다. 100만 원을 빌렸을 때 10만 원을 벌 수 있는지가 확실하냐는 거죠.

빚은 좋은 것도, 나쁜 것도 아닙니다. 빚을 내는 것은 그냥 하나의 금융 행위일 뿐입니다. 중요한 것은 빚을 낼 때 과연 그 빚에 물어야 하는 이자보다 더 큰 무엇인가를 얻어낼 수 있느냐를 항상 적절히 계산하는 태도가 필요한 것이지요. 빚도 잘 쓰면 자산입니다.

정말 걱정해야 할 것은 따로 있습니다. 뚜렷한 목적과 확실한 계획, 그리고 빚을 통해 얻을 수 있는 명백한 결과물이 없는 상태에서 될 대로 돼라는 식으로 돈을 빌려 쓰는 것을 걱정해야 합니다.

억만장자는
명함도 못 내미는 나라

아프리카에 짐바브웨라는 나라가 있습니다. 아프리카 나라 대부분이 그렇듯이 가난합니다. 주력 산업이라고 해 봐야 별게 없습니다. 그런데 이 나라는 경제학계에서 꽤 유명합니다. 경제 공부 좀 한다는 사람이라면 한 번쯤 짐바브웨를 연구해 보고 싶어 합니다.

그 이유가 기막힙니다. 짐바브웨가 유명한 것은 살인적인 물가 상승 때문입니다. 우리나라의 경우 보통 1년에 물가가 3~4% 정도 오릅니다. 물가가 10% 올랐다고 하면 심각한 상황이 되지요.

그런데 물가 하나만으로 세계 경제학계에 이슈가 된다니, 도대체 물가 상승률이 어느 정도나 되는 것일까요?

2008년 2월 세계의 언론들은 짐바브웨 연간 물가 상승률이 10만%라고 보도했습니다. 쩨쩨하게 100% 단위는 쳐주지도 않나 봅니다. 자그마치 10만%입니다. 정말 ‘헉’ 소리가 저절로 나오는 수치입니다.

그런데 두 달 뒤인 4월, 세계 언론은 ‘짐바브웨의 연간 물가 상승률이 16만%’라고 수치를 올려 발표했습니다. 두 달 사이에 물가가 또 치솟은 겁니다.

아직 놀랄 때가 아닙니다. 그 해 5월 발표한 짐바브웨의 연간 물가 상승률은 220만%였습니다. 한 달 전에 16만%였으니 한 달 만에 나라 전체의 물가가 10배 이상 뛴 셈이지요.

끝난 것 같나요? 아닙니다. 또 한 달 뒤인 6월에는 연간 물가 상승률이 1,127만%라고 발표했습니다. 이 정도면 뭐……, 할 말이 없습니다.

하지만 더 놀랄 일이 남아 있습니다. 그해 7월 짐바브웨 중앙통계사무소는 인류 역사상 절대 깨질 수 없을 것 같아 보이는 수치를 발표합니다. 짐바브웨의 연간 물가 상승률이 2억 3,100만%였다는 겁니다.

그리고 두 달 뒤, 짐바브웨는 막장의 끝을 보여 주는 수치를 내놓습니다. 2008년 한 해 물가 상승률이 12억%였다는 것입니다.

입이 다물어지지 않습니다. 한 해 동안 물가가 이 정도로 뛰었다면 도대체 이 나라에서는 물건 가격이 얼마나 될까요?

우선 이 나라 돈을 좀 구경하고 지나가겠습니다.

지폐에 0이 몇 개 붙어 있는지 세어 보세요. 무려 14개입니다.

영어 공부 좀 한 사람들은 million이 백만, billion이 10억이라는 걸 알고 있을 겁니다. 그런데 trillion은 들어 봤나요? 우리 숫자로 환산하면 ‘조’입니다. 그런데 지폐에 버젓이 ‘ONE HUNDRED TRILLION DOLLARS’라고 적혀 있습니다. 그냥 조도 아니고 무려 100조 짐바브

웨 달러입니다.

이런 지폐가 있다는 것도 우습지만, 더 황당한 건 100조 달러 지폐 한 장이면 계란을 세 개나(응?) 살 수 있다는 사실입니다. 그러니까 가게에 가서 "아저씨, 계란 하나 주세요." 하면 "응, 33조 달러 내라." 이런 대화가 오가는 거지요.

짐바브웨에서는 아이들이 상점에 가면서 수레에 지폐 다발을 싣고 다니는 일이 실제로 있었습니다. 말로만 듣던 '돈다발을 싸 들고 다니는' 사람들이 진짜로 있었다는 얘기입니다. 이 나라에서는 억만장자가 전 재산을 다 털어도 삶은 계란의 흰자 한 조각도 사 먹지 못하는 셈이지요.

결국 짐바브웨는 이런 살인적인 물가 상승을 견디다 못해 2009년부터 나라에서 쓰는 돈을 아예 미국 달러로 바꿔 버렸답니다. 남의 나라 돈인 미국 달러를 쓰는 것이 아무리 불편해도, 분식집에서 라면 먹다가 김밥 하나 추가하려고 집에 가서 수레 가득 돈을 싣고 와야 하는 불편함보다는 나을 테니까요.

… 예대마진

예금 이자와 대출 이자의 차이입니다. 대출 이자가 예금 이자보다 높아야 한다는 것은 앞에서 이야기했습니다. 우리나라의 주요 은행들의 예대마진은 대략 3%보다 조금 낮게 형성되어 있습니다. 2.6~2.9% 정도라고 보면 됩니다.

법으로 예대마진이 얼마 이하여야 한다는 규정은 없습니다. 하지만 은행이 제멋대로 예대마진을 4%나 5%로 높이면 정부가 바로 태클을 겁니다. 돈 장사를 하면서 너무 많이 남긴다는 것이지요. 그래서 규정은 없지만, 은행들은 대략 3% 안쪽에서 예대마진을 유지합니다.

… 제2금융권

은행이 아닌데도 돈을 빌려 주는 업체를 제2금융권이라고 합니다. 'ㅇㅇ저축은행' 'ㅇㅇ금고' 'ㅇㅇ머니' 이런 이름을 붙인 채 TV에서 광고하는 회사들 대부분이 포함됩니다.

그러면 제1금융권은 어디일까요? 바로 은행입니다. 제1금융권이건, 제2금융권이건 전부 나라의 허가를 받은 회사들입니다. 다만 대출 이자는 큰 차이가 있습니다. 제1금융권에서는 10% 넘어가는 일이 거의 없는 반면, 제2금융권에서는 최고 연 44%까지 받을 수 있습니다. 원래는 그보다 더 높았는데, 이자가 너무 높아 사회 문제가 되자 이자율 한도를 법으로 정한 것이지요.

그렇다면 법이 정한 이자율보다 더 높게 이자를 받는 일부 악덕 사채업자들은 몇 금융권이라고 부를까요? 혹시 제3금융권? 아닙니다. 그런 사람들은 몇 금융권이 아니라, 그냥 '범죄 집단', '공공의 적', '못된 녀석들'이라고 부릅니다. 혹시 만나면 바로 경찰에 신고하세요.

… 단리법과 복리법

이자를 계산하는 방법에는 단리와 복리가 있습니다. 복리 계산은 앞에서 배웠지요. 단리는 매년 붙는 이자가 일정합니다. 그러니까 본문에서 '잘못 계산한 경우'가 바로 이 단리에 해당하지요.

단리법은 실생활에서 복리법만큼 많이 사용하지는 않습니다. 그러니까 앞으로 접하는 대부분의 이자율은 복리로 계산하는 것이 실수를 줄이는 길입니다. 빌려 주는 쪽에서 "복리입니다."라고 따로 설명을 해 주지 않더라도 말이지요.

10

롯데제과 사장은
롯데 껌만 씹는다

주식회사의 등장과 역할

- 나도 주인, 너도 주인, 우리 모두 주인
- 돈으로 받을까, 비싸게 팔까?
- (기업을) 사랑한다면, (주식에) 투자하라

주식

사랑한다면 투자하세요.

아우~
왜 그래?

얼마 전에 산 주식이 왕창 떨어졌어요.
뚝
힝....

그렇게 돈 벌려고 주식에 덤볐다가는 오히려 돈 잃기 십상이라니깐.
토닥토닥

주식 투자는 애정으로 해라!
애정이요?

난 소녀시대를 사랑하는 마음을 담아서 소속사의 주식을 샀지.
?!

돈보다는 사랑이 중요해.

사랑.......
뉴스입니다. 소녀시대의 인기 멤버 윤나 양이 오늘 열애설을 공식 인정했습니다.

상대는 같은 소속사의 슬퍼주니어 멤버인 K모 군으로......
SN주식 다 팔겠어요. 꼴도 보기 싫어!

나도 주인, 너도 주인, 우리 모두 주인

어느 날 김탁구 군이 완전히 새로운 맛의 빵을 만드는 데 성공했습니다. 맛이 정말 좋아서 당장 빵집을 내면 대박 날 것이 분명합니다. 자, 어서 빵집을 차립시다. 그런데…… 빵집은 어떻게 차려야 하죠?

빵집을 차리려면 우선 밀가루나 설탕 같은 재료가 있어야 합니다. 직원도 고용해야죠. 빵 굽는 오븐도 사야 합니다. 이런 것들을 구하려면 돈이 있어야 합니다. 바로 '사업 밑천'이 필요한 것이지요.

다행스럽게도 김탁구 군에게 돈이 있으면 아무 문제가 없습니다. 그런데 미처 밑천을 준비하지 못했다면 어떻게 해야 할까요?

방법은 두 가지가 있습니다. 첫째는 돈을 빌리는 겁니다. 그런데 돈을 빌리자니 우선 은행에서는 빌리기가 어렵습니다. 설혹 빌릴 수 있다고 하더라도 솔직히 사업 첫 해에는 이자를 갚기도 버겁습니다.

이럴 때 두 번째 방법을 사용합니다. 주식회사를 세우는 겁니다. 주식회사가 무엇일까요? 쉽게 말하면 사업 밑천을 여러 사람이 함께 마련하는 회사입니다.

　김탁구 군이 친구들을 찾아가 열심히 설명을 합니다.

　"이 사업은 전망이 끝내줘. 이거 시작만 하면 대박이야. 그러니까 너희가 사업 밑천 좀 대 줘."

　친구들이 빵을 먹어 보니 맛이 괜찮습니다. 사업 밑천이 얼마나 들까 계산해 봤더니 1억 원이 필요합니다. 그래서 친구 9명이 모여 한 명당 1,000만 원씩 돈을 냈습니다. 김탁구 군도 1,000만 원을 내서 모두 1억 원을 모았습니다. 드디어 김탁구 군은 빵집을 차립니다. 이렇게 세운 회사를 바로 주식회사라고 합니다.

　주식회사라고 이름 붙여진 회사들은 전부 이렇게 만들어집니다. 주식회사란 회사를 어떤 방식으로 세웠느냐를 구분하는 말이지, 무엇을 만드는 회사인지 알려 주는 말은 아닙니다. 주식회사라고 해서 주식을 만드는 회사라는 뜻이(절대로!) 아닌 것이지요.

　다시 원래 이야기로 돌아가겠습니다. 그런데 아무리 친구 사이지만 1,000만 원이나 낸 사람들에게 증명 서류 하나 주지 않을 수는 없습니다. 은행에 돈을 맡기면 예금 통장이 나오고, 하다못해 마트에서 물건을 사도 영수증을 주니까요.

그래서 1,000만 원씩 냈다는 것을 증명하는 종이쪽지 10개를 만들어 친구 9명에게 나눠 주고, 자신도 하나를 가집니다. 이 종이가 바로 주식입니다. 그러니까 주식은 회사를 만들 때 사업 밑천을 낸 사람들이 각각 얼마씩 투자했는지를 증명하는 증서인 셈입니다. 그리고 이 주식을 갖고 있는 사람들, 즉 사업 밑천을 내준 고마운 김탁구 군의 친구들을 '주식의 주인'이라는 뜻으로 주주라고 부릅니다.

여기서 문제 하나 내겠습니다. 그렇다면 이 빵집의 주인은 누구일까요? 김탁구 군 혼자일까요? 아닙니다. 아이디어는 김탁구 군이 냈지만 밑천은 10명이 모아서 마련했습니다. 이때 회사의 주인은 김탁구 군을 포함한 10명의 주주들이 되는 겁니다.

주주에게는 회사의 중요한 일을 결정할 권리가 있습니다. 만약 김탁구 군이 빵집을 하다가 지겨워서 갑자기 호떡집으로 업종을 변경하고 싶어졌습니다. 이때 마음대로 바꿀 수 있을까요?

바꿀 수 없습니다. 만약 빵집을 호떡집으로 바꾸고 싶으면 주주들의 동의를 얻어야 합니다. 주식 회사에서 어떤 중요한 일을 결정할 때에는 주주들이 모두 모여 의견을 모은 뒤 결론을 내립니다. 이렇게 주주들이 모여서 중요한 일을 결정하는 회의를 주주 총회라고 합니다.

다행히 10명 모두 호떡집으로 업종을 바꾸는 데 동의를 하면 문제가 없습니다. 그런데 주주들 의견이 엇갈리면 어떻게 할까요?

이럴 때에는 주주들이 모여 투표를 합니다. 그런데 반장 선거나 대통령

선거에서는 모든 사람이 각자 한 표씩 권리를 갖지만, 주식회사에서는 주식을 많이 갖고 있는 사람이 그만큼 권리를 더 갖습니다. 주식이 많다는 것은 사업 밑천을 더 투자했다는 뜻이니 그만큼 권리를 인정해 주는 것이지요.

주식 역시 전형적인 금융의 한 형태입니다. 김탁구 군은 빵집을 세울 때 돈이 부족했습니다. 그 부족한 부분을 돈이 남아도는 주주들이 채워 줌으로써 비로소 사업을 시작할 수 있었습니다. 주식 투자 역시 예금과 대출을 하는 은행과 모양새는 다르지만, 새로운 방식으로 돈을 적절하게 융통시키는 금융 행위인 것이지요.

돈으로 받을까, 비싸게 팔까?

그런데 9명의 주주들이 회사에 사업 밑천을 대 주고 얻는 대가는 무엇일까요? 주주로 참여한다고 해서 이자를 받을 수는 없습니다. 주주가 된다는 것은 사업 밑천을 대 준 것이지 돈을 빌려 준 것은 아니니까요.

물론 주주가 되면 '어이구, 당신이 바로 이 회사의 주인이십니다.'라고 떠받들어 모시긴 합니다. 하지만 말로만 회사의 주인이라고 하면서 아무것도 얻는 게 없으면 밑천을 대 줄 이유가 없겠지요.

회사에 밑천을 대 주는 것, 그러니까 주주가 되는 이유는 분명히 뭔가 대가를 받을 수 있기 때문입니다. 그 대가는 크게 두 가지로 나뉘는데, 하나는 배당이고 하나는 시세 차익입니다.

자, 10명이 밑천을 장만해 만든 빵집이 1년 동안 영업을 해서 1억 원을 벌었다고 합시다. 이 돈은 누구 돈일까요? 김탁구 군 혼자만의 돈이 아닙니다. 밑천을 대 준 주주들 모두의 돈이지요. 따라서 이 돈은 10명에게 모두 골고루 나눠 줘야 합니다. 한 명당 1,000만 원씩 돌아가겠군요.

이렇게 회사가 번 돈을 주주에게 돌려주는 것을 배당이라고 합니다. 근본적으로 주주가 되는 이유는 배당을 받기 위해서입니다.

실제 주식회사는 중세 유럽에서 장사꾼들이 배를 살 때 처음 생겼습니다. 배 한 척을 사려고 하면 돈이 엄청나게 들지요. 그래서 여러 상인들이 공동으로 돈을 조금씩 내 배를 한 척 마련한 뒤, 그 배로 사업을 합니다. 그리고 거기서 벌어들인 돈을 배당으로 나눠 갖는 형태였습니다.

그런데 김탁구 군이 첫 해에 번 돈 1억 원을 갖고 곰곰이 생각을 해 봅니다. 이게 말이지요, 1억 원 사업 밑천으로 1년 딱 장사했더니 1억 원을 고스란히 벌었다 이겁니다. 장사가 무지 잘됐다는 뜻이지요.

새로 생긴 1억 원을 배당으로 나눠 가지면 1,000만 원씩 받겠지만 김탁구 군에게 새로운 아이디어가 생겼습니다. 이 1억 원으로 빵집 2호점을 내는 겁니다. 그러면 더 많은 돈을 벌 수 있지 않겠어요?

그래서 김탁구 군은 주주들을 모아 놓고 열심히 설명을 합니다. 이 돈을 나눠 갖지 말고 2호점을 내자, 그러면 더 큰돈을 벌 수 있고 그 돈으로 다시 3호점, 4호점을 내자.

주주들이 가만히 생각해 보니 꽤 괜찮은 아이디어인 것 같습니다. 그래서 그러자고 하고 2호점을 냈습니다. 사업이 날로 번창해서 빵집은 3호점, 4호점…… 계속 사업을 확장해 갑니다.

이 경우 주주들은 무엇을 얻을 수 있을까요? 원래는 배당을 받아야 합니다. 그런데 받아야 할 배당금을 2호점, 3호점을 내는 데 다 썼습니다. 손에 들어온 돈은 한 푼도 없지요.

하지만 이 경우에는 주식의 가치가 달라집니다. 박족구라는 사람이 와서 주주들에게 "그 주식 나한테 파세요, 내가 1,000만 원 줄게요."라고 말했다고 칩시다. 여러분이 주주면 어떻게 대답하겠습니까?

당장 "꺼져!" 소리가 나오지 않을까요? 미치지 않고서야 그 주식을 어떻게 본전에 팔겠습니까? 처음 투자할 때야 1,000만 원이었지만, 그때는 빵집이 하나뿐이었습니다. 지금은 2호점, 3호점이 만들어졌고, 빵집이 벌어들이는 돈도 사업 초기 때보다 훨씬 많지요.

거래가 성사될 것 같지 않자 박족구 씨는(절대 꺼지지 않고) "그럼 5,000만 원 줄 테니 파세요."라고 애원합니다. 이 때는 생각을 잘 해야 합니다.

'5,000만 원이면 처음 투자했던 돈의 다섯 배다. 물론 김탁구 군의 빵집이 잘 되고 있기는 하지만 요즘 경쟁업체들이 생겨서 4호점, 5호점으로 확장하기까지는 시간이 좀 걸릴 거다. 그렇다면 이쯤에서 파는 것도 괜찮겠다.'

그래서 주식을 팔기로 했습니다. 이렇게 하면 주식 거래가 성립됩니다. 원래 주주는 1,000만 원 투자했다가 그 돈을 5,000만 원으로 불렸습니다. 이 4,000만 원의 차이를 시세 차익, 즉 주식 가격(시세)의 차이로 벌어들인 돈(차액)이라고 부릅니다.

거래가 성사되면 박족구 씨도 회사의 주인이 됩니다. 모든 주주의 권리는 박족구 씨에게 넘어가지요. 박족구 씨는 주주총회에도 참석할 수 있고, 김탁구 군의 빵집에서 배당을 준다면 그 배당을 받을 권리도 있습니다.

바로 이것이 주식 투자를 하는 목적입니다. 배당을 받거나, 아니면 시세 차익을 노리거나 하는 것이지요.

여기에는 아주 중요한 전제가 있습니다. 배당을 노리건, 시세 차익을 노리건, 우선 기본적으로 회사가 돈을 벌어야 합니다. 기껏 1,000만 원 투자해서 주주가 됐는데 빵집이 돈을 벌기는커녕 쫄딱 망했다고 칩시다.

이럴 때 배당을 누구에게 받을 수 있을까요? 김탁구 군에게 가서 "배당 내놔!" 소리쳐 봐도 김탁구 군에게는 돈이 없습니다.

쫄딱 망한 빵집 주식을 들고 박족구 씨에게 가서 "원금인 1,000만 원에 팔게요. 이 주식 좀 사 주세요."하면 박족구 씨가 뭐라고 그럴까요. 이번에는 앞에서와는 반대로 박족구 씨가 "꺼져!"라고 할 겁니다.

따라서 주식에 투자할 때는 기본적으로 배당을 줄 수 있는 회사, 시세 차익을 노릴 수 있는 회사에 투자해야 합니다. 돈을 안정적으로 벌어서 회사에 쌓아 두거나(배당을 줄 수 있는 기업), 아니면 번 돈으로 새로운 투자를 해서 회사 규모를 키워 갈(시세 차익을 노릴 수 있는 기업) 수 있는 회사가 적절한 투자 대상인 것이지요.

이렇게 투자하지 않고 무슨 이상한 정보에 솔깃해서, 친구가 권해서, 밤에 꿈자리가 좋아서 아무 회사에나 투자하는 사람들도 있습니다. 이런 투자를 '묻지마 투자'라고 합니다. 이유를 묻지도 따지지도 않고, 그냥 감이 오는 대로 아무 기업에나 마구 투자하는 것이지요.

증권을 담당하는 신문 기자로 6년을 생활한 사람의 실제 경험담인데, '묻지마 투자'로 패가망신한 사람 정말 여럿 봤습니다.

(기업을) 사랑한다면, (주식에) 투자하라

1987년 사회주의와 자본주의 세력이 팽팽하게 맞서고 있었을 때 일입니다. 당시 우리나라는 사회주의 국가인 중국과 처음으로 교류를 시작했습니다.

이때 국내 증시에 이른바 '만리장성 4인방'이 큰 인기를 끌었습니다.

선두 주자는 대한알루미늄이라는 회사였습니다. '중국 정부가 관광 명소인 만리장성에 바람막이를 설치하기로 했는데, 거기에 필요한 알루미늄 창틀을 대한알루미늄이 전량 공급한다.'는 소문이 돌기 시작한 겁니다. 이 회사 주가가 갑자기 하늘 높은 줄 모르고 뛰기 시작했습니다.

2번 타자는 검정 고무신을 만드는 태화라는 회사였습니다. 이유는 '공사에 동원되는 인부들의 신발을 태화가 공급한다.'는 소문 때문이었죠.

곧 이어 3번 타자 삼립식품의 주가가 급등했습니다. '인부들이 먹을 간식으로 삼립호빵이 결정됐다.'는 소문 덕이었습니다.

마지막 4번 타자. 한독약품 주가가 치솟았습니다. '인부들이 호빵을 먹다 체하면 소화제로 한독약품의 훼스탈이 공급된다.'는 이야기와 함께요.

웃기지요? 지금 보면 웃긴데 그때에는 정말 진지했습니다.

1970년대에는 건설 회사 주가가 오르니까 건설증권(당연히 증권 회사입니다. 건설 회사가 절대 아니죠.)과 건설화학(누가 봐도 화학 회사입니다. 절대로 건설 회사가 아닙니다.) 주가도 덩달아 뛰었다는 웃지 못할 이야기도 있습니다.

이런 소문을 듣고 다른 사람들을 따라서 투자하면 어떻게 되냐고요? 이미 이야기했지요. 대부분 패가망신하게 됩니다.

이런 행동을 투자가 아니라 투기라고 부릅니다. 투자는 일확천금을 노리는 투기와 질적으로 다릅니다.

우리는 앞에서 김탁구 군의 빵집을 통해 주식회사가 무엇인지, 그리고

주식에 투자하는 목적(배당과 시세 차익)이 무엇인지 알아봤습니다.

주식 투자란 바로 회사의 주인(주주)이 되는 것입니다. 회사의 주인은 어떤 사람일까요? 회사에 대해 속속들이 잘 알고, 회사를 주체적으로 이끌고, 회사에 애정을 갖고 있는 사람입니다.

여러분이 롯데제과 사장이면 껌 살 때 해태 껌을 사서 씹을까요? 아니겠지요. 롯데제과 주주가 되어도 마찬가지입니다. 롯데제과 주식을 사는 순간 여러분은 롯데제과의 주인이 됩니다. 당연히 껌을 살 때도 롯데 껌을, 초콜릿을 살 때에도 가나초콜릿을 사 먹는 게 정상적인 생각입니다.

이처럼 주주가 되기 위해서는 회사에 대해 속속들이 잘 알고, 기업에 대한 애정이 있어야 합니다. **주식 투자는 기업에 대한 애정 표현**입니다. '만리장성 공사장 인부들이 호빵을 먹는다더라.'는 이유로 삼립식품 주식을 사는

것은 투자가 아니라 투기일 뿐입니다.

배당과 시세 차익을 얻기 위해서는 우선 기업이 튼튼하고 돈을 잘 벌어야 합니다. 그리고 주주를 우대하고, 경영이 투명해야 합니다. 이런 회사여야 사랑하고 싶은 마음이 생깁니다.

그리고 한번 주인이 되면 주인답게 회사의 성장을 사랑하는 마음으로 지켜봐야 합니다. 기업의 성장을 함께 기뻐하고, 주주로서 성장의 과실을 누리는 것이 바로 주식 투자입니다.

이상하게 아직 우리나라에서는 주식에 투자한다고 하면 불성실한 사람, 일확천금을 노리는 사람이라고 생각하는 경우가 많습니다.

절대 그렇지 않습니다. 주식은 자본주의의 정수를 고스란히 담은 아주 훌륭한 금융 행위입니다. 돈이 필요한 기업에 투자하고, 기업의 주인이 되어 성장을 함께 하는 것은 반드시 필요하고 가치 있는 경제 활동입니다.

단숨에 떼돈 벌겠다는 의도가 아니라 기업의 주인이 된다는 생각으로 주식에 관심을 갖는다면, 여러분에게 주식 투자를 적극 권장하고 싶습니다.

:: 네덜란드 튤립 뿌리 투기 사건

1630년대 네덜란드 한 상인의 집. 상인은 어느 날 배로 자신의 물건을 운반해 준 선원을 집으로 불렀습니다. 상인은 "잘 운반해 줘서 고맙다."는 말과 함께 귀한 연어를 선원에게 선물했지요. 선물 덕에 기분이 좋아진 선원은 상인의 집에서 나오다가 마침 창가에 놓인 양파 하나를 발견합니다.

'이걸 연어에 곁들여 먹으면 맛있겠다.'

선원은 아무 생각 없이 양파를 들고 나왔습니다. 그리고 연어에 양파를 곁들여 냠냠 먹었지요.

다음 날, 그 선원은 붙잡혀서 바로 감옥에 갔습니다. 죄목은 튤립 뿌리 절도죄. 선원이 들고 나온 것은 양파가 아니라 '샘퍼 아우구스투스'라는 이름의 튤립 뿌리였습니다. 이 튤립 뿌리의 가격은 자그마치 황소 30마리와 맞먹는 것이었답니다.

튤립 뿌리가 뭐냐고요? 말 그대로 튤립의 뿌리입니다. 용도가 뭐냐고요? 그냥 잘 심으면 튤립이 예쁘게 피는 겁니다. 그런데 왜 그렇게 비싸냐고요? 내가 하고 싶은 말이 바로 그겁니다.

'네덜란드 튤립 뿌리 투기 사건'으로 기록된 당시 이야기는 금융 역사에서 아주 유명한 일화입니다. 이때 네덜란드에는 무슨 바람이 불었는지 튤립 뿌리가 큰 인기를 끌었습니다. 돈 많은 사람들이 귀하다는 튤립 뿌리를 하나둘씩 사 모았지요. 그러다 보니 당연히 수요가 공급보다 많아지고, 가격도 오르게 되었습니다.

그러자 사람들은 튤립 뿌리를 사 두면 가격이 올라서 돈을 벌 수 있겠다 싶어 더 달려듭니다. 이런 과정을 반복하다 보니 꽃송이 하나 피우는 튤립 뿌리가 황소 30마리 가격까지 치솟은 겁니다.

황당하죠? 하지만 이런 황당한 일이 실제로 셀 수 없이 많습니다. 투기가 시작되면 사람들은 눈이 멀어 버립니다. 아무리 "저건 튤립 뿌리에 불과해!"라고 말해도 진실의 목소리가 들리지 않게 되지요. 다시 한 번 말하지만 투기가 아닌 투자를 해야 합니다. 주식 투자는 '투자'이지 '투기'가 아니랍니다.

뉴턴이
재산을 홀라당 날린 사연

과학 시간에 단골로 등장하는 아이작 뉴턴이라는 사람이 있습니다. 사과나무 밑에서 입 벌리고 있다가(입은 안 벌리고 있었나요?) 사과가 떨어지는 것을 보고 중력의 법칙을 발견했다는 영국의 위대한 물리학자입니다.

이렇게 똑똑한 뉴턴도 한때 주식 투자를 했다가 큰 낭패를 봤습니다. 뉴턴이 산 주식은 사우스 시(South-Sea)라는 회사의 주식이었는데, 주가가 하늘 높은 줄 모르고 뛰고 있었습니다. 사람들은 너도나도 미친듯이 이 회사의 주식을 사들였습니다. 이쯤 되면 투자자들 가운데 꼭 이성을 상실하는 사람이 나옵니다. 말도 안 되는 높은 가격에 팔리고 있는데도, 내가 사면 더 오를 것 같은 황당한 생각을 하는 거지요.

뉴턴도 '이 주식을 사면 큰돈 벌겠다' 싶었는지 뒤늦게 이 회사 주식

을 비싼 가격에 샀습니다. 그러나 주식이라는 게 그렇게 마음대로 되는 게 아니지요. 뉴턴이 사자마자 이 회사 주식은 폭락하기 시작했고, 결국 투자 금액의 5분의 4를 날렸다고 합니다.

당시 뉴턴은 "나는 물체의 움직임은 계산할 수 있어도, 사람들의 미친 광기는 도저히 계산하지 못하겠다."며 슬퍼했다고 하는군요.

주식 투자라는 것이 이렇게 무서운 겁니다. 당대 최고의 물리학자인 뉴턴조차 잠깐 정신을 놓으면서 전 재산의 5분의 4를 날리는 것이 주식이지요. 주식 투자는 뉴턴이나 간디처럼 똑똑하고 훌륭한 사람이라고 너그럽게 봐주고, 날강도라고 무섭게 대하는 법이 없습니다. 그저 좋은 사업을 하는 기업, 주주에게 믿음을 주는 기업에 투자하는 것만이 좋은 성과를 낼 수 있는 유일한 방법입니다.

... 흑자와 적자

기업을 운영할 때 돈을 벌면 흑자라고 하고 손해를 보면 적자라고 합니다. 그런데 이 말의 어원은 색깔에 있습니다. 말 그대로 흑자는 '까만색 글자'이고 적자는 '빨간색 글자'를 뜻합니다. 영어로 흑자 상태에 있으면 'in the black'이라고 쓰고, 적자 상태는 'in the red'라고 씁니다.

사업을 할 때 얼마를 벌었는지, 얼마를 썼는지 기록하는 장부를 회계 장부라고 합니다. 그런데 회계 장부에는 써야 할 숫자가 하나둘이 아닙니다. 엄청나게 많은 숫자가 적혀 있지요.

그래서 회계 장부를 작성할 때 회사가 손해를 봤는지 돈을 벌었는지 한눈에 알아보기 위해, 손해는 빨간 글자로 쓰고 이익은 까만 글자로 썼다고 합니다. 이것이 기원이 되어 흑자(까만 글자)는 이익을, 적자(빨간 글자)는 손해를 뜻하는 말로 발전했다고 하는군요.

11

살 빼야 하는 사람과
살 쪄야 하는 사람

부의 불균형으로 보는 세계 경제의 현실

- 여긴 살 빼느라 굶고, 저긴 먹을 게 없어서 굶고
- 남아도는 식량은 누가 다 먹나?
- 다 함께 나눠 먹으면 안 될까요?

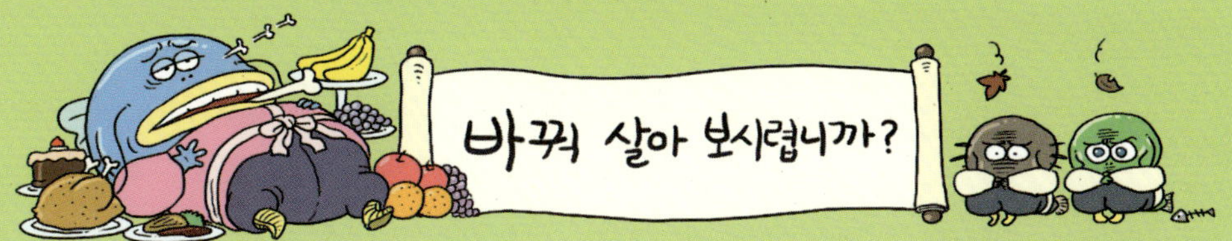

바꿔 살아 보시렵니까?

다이어트를 시작했더니 힘들어 죽겠어. 음식은 넘쳐나는데 참아야 하다니!

배부른 소리 하시네. 전 계속 체중이 줄고 있다고요.

어떻게 살면 살이 빠져? 되게 부럽다.

학교 가야지, 숙제 해야지, 잉어님 심부름 해야지, 온갖 일로 힘들어 죽겠는데……
꼬덕,

냉장고는 텅~~ 비어 있어 봐요.
어흑…

쫄쫄 굶으니 살이 자동으로 빠지죠!
……

살도 뺄 겸 저희랑 바꿔서 살아 보실래요?
사양할게!
후다닥

여긴 살 빼느라 굶고, 저긴 먹을 게 없어서 굶고

항상 영어 단어를 헷갈리는 친구가 물어봅니다.

"어이, 살이 쭉 빠졌네. 요즘 데이트하냐?"

엥? 데이트는 웬 데이트? 무슨 말인지 몰라서 얼굴을 빤히 쳐다보고 있었더니 친구가 급당황하며 이렇게 말합니다.

"아, 미안, 미안. 헷갈렸다. 데이트가 아니고 다이어트였지."

이런 젠장! 헷갈릴 걸 헷갈려야지. 그 친구 하는 말이 초등학교 5학년 때부터 데이트와 다이어트, 다이너마이트가 헷갈렸다고 하는군요.

이참에, 다이어트 이야기 좀 해 볼까요? 다이어트, 정말 중요하면서도 심각한 문제지요. 사실 다이어트는 단순히 더 예뻐 보이겠다, 멋있게 보이겠다는 것 이상으로 중요합니다. 건강과 직결된 문제니까요.

가끔 보는 미국 TV 프로그램 중에 〈The Biggest Loser〉라는 쇼가 있습니다. loser라는 단어가 '실패한 사람'이라는 뜻이 있어서 뭔 방송인가 싶겠지만, 이 프로그램은 미국에서 선풍적인 인기를 끌고 있는 다이어트에 관한 리얼리티 쇼입니다.

여기서 loser는 실패자라는 뜻이 아닙니다. 영어로 살이 찐다는 말을 gain weight라고 하고 살을 뺀다는 말은 lose weight라고 합니다. (많이 나오는 표현이니 알아 두세요.) 그러니까 loser는 말 그대로 '살을 뺀 사람'이라는 뜻이지요.

〈The Biggest Loser〉에서는 비만인 참가자들이 캠프에 모여 매주 체중을 얼마나 뺐는지 겨루게 됩니다. 6개월 뒤 최종 우승자에게는 25만 달러의 상금을 주지요.

우리나라 케이블 TV에도 이를 따라한 비슷한 프로그램이 있지만 〈The Biggest Loser〉와 비교하면 차이가 많이 납니다. 내용이 그렇다는 게 아니라, 참가자 수준에서 큰 차이가 난다는 이야기입니다. 정확히 말하면 참가자의 덩치 자체가 완전히 다릅니다. 미국 프로그램에 나오는 참가자들은 정말 '억' 소리가 납니다. 잠깐 보고 지나갈까요?

스케일이 이 정도입니다. 엄청나지요? 이런 사람들이 앞에 보이는 두 명의 트레이너와 함께 열심히 운동하고 음식 조절하면서 살을 빼는 겁니다.

미국은 세계에서 가장 비만 인구가 많

〈The Biggest Loser4〉의 출연자들입니다.

은 나라입니다. 조사에 따르면 인구의 30.6%가 비만, 혹은 과체중에 속하면서 비만 국가 2위인 멕시코(24.2%)를 멀찍이 따돌리고 세계 1위에 올라 있습니다. 실제 미국에 가 보면 길거리에 비만으로 보이는 사람들이 수도 없이 많지요.

먹는 음식에 대해 미국만큼 관대한 나라가 없습니다. 햄버거 가게건 피자 가게건 음료는 무제한 리필입니다. 1인분을 시키면 우리나라 사람 3명이 먹어도 남을 만큼 엄청난 양이 나옵니다. 음식 조리법도 튀기고, 치즈 얹고, 소스 뿌리고…… 살찌기 딱 좋습니다.

이런 음식을 평생 먹고 사니 비만 환자가 생길 수밖에요.

이번에는 조금 다른 이야기를 해 봅시다.

믿을 수 없겠지만 현재 세계에는 8억 5,000만 명이 영양실조에 걸려 있습니다. 10살이 채 안 된 어린이들이 5초에 한 명씩 굶어 죽고 있지요. 매년 5,700만 명이 가난 때문에 목숨을 잃습니다. 실감이 나시나요? 5,700만 명이면 우리나라 인구보다도 많은 숫자입니다. 이 엄청난 사람들이 굶주려서 죽어 가고 있다는 이야기이지요. 문제가 여간 심각한 것이 아닙니다.

지금까지 우리는 자본주의와 시장 경제가 매우 효율적이라고 배웠습니다. 자본주의와 시장 경제는 경쟁과 균형을 통해 자원을 효율적으로 분배한다고 이야기했지요. 그런데 조금 전 우리가 살펴본 현상이 과연 효율적일까요? 지구 한편에서는 살을 빼야 한다고 난리인데, 한쪽에서는 어린이들이 5초에 한 명씩 굶어 죽는 현실을 '효율'이라고 부를 수 있느냐는 것입니다.

"그게 자본주의인데 뭐. 잘사는 사람은 능력 있으니까 잘사는 거고, 못사는 사람은 무능력하니까 못사는 거지."

물론 이렇게 말할 수 있습니다.

하지만 여기서 지적하는 것은 잘살고 못살고의 문제가 아닙니다. 미국은 너무 많이 먹는 사람들 때문에 돈을 엄청 씁니다. 비만 치료에 매년 1인당 1,400달러, 즉 우리나라 돈으로 150만 원을 쓰니까요.

그런데 세계에는 1년에 150만 원도 못

:: 기후와 경제학

세계 경제를 공부하다 보면 꼭 나오는 질문이 있습니다. 도대체 왜 아프리카나 동남아시아 나라들은 못사는 걸까요? 이 질문에 답하기 위해 많은 학자들이 연구를 했습니다. 경제학만 동원된 것이 아니라 인류학, 철학, 사회학, 유전학까지 등장하지요. 그런데 이 가운데 어처구니없는 답이 하나 있습니다. 바로 '기후 관련설'입니다.

기후 관련설은 가난한 나라 대부분이 열대 지방에 분포해 있다는 사실에서 출발합니다. 아프리카는 물론이고, 아시아의 가난한 나라도 대부분 열대 지역인 동남아시아에 모여 있지요. 반면 세계에서 어깨 좀 펴고 사는 나라들은 대부분 사계절이 비교적 뚜렷한 온대 지방에 모여 있습니다.

이 주장을 하는 학자들은 기후가 사람의 성향에 영향을 준다고 주장합니다.

열대 지방에서는 농작물이 잘 자랍니다. 동남아시아 국가들만 봐도 2모작, 3모작이 어렵지 않지요. 또 바나나, 코코넛 등 과일도 많습니다. 먹을 것이 아주 풍족합니다. 사실 인류 역사란 먹을 것을 얻기 위한 처절한 투쟁인데, 더운 나라일수록 먹을 것이 풍부하니 사람들이 점점 게을러집니다. 그 덕에 머리 쓸 일이 사라져 인종 자체가 뒤처진다는 것이지요.

반면 사계절이 뚜렷한 기후는 사람이 지혜를 갖추기에 적합합니다. 겨울이라는 어려움을 이겨 내고, 나머지 계절을 잘 활용해야 1년 먹을 것을 겨우 장만합니다. 이 과정에서 사람들이 지혜를 동원하게 되고, 덕분에 온대 기후에 사는 인종이 더 똑똑해진다는 겁니다.

이것이 기후 관련설을 주장하는 사람들의 논리입니다. 그런데 이런 사람에게는 욕을 해 줘야 합니다. 이런 이론은 대부분 제국주의 열강들이 식민지를 개척하면서 백인이 흑인이나 아시아 인종에 비해 얼마나 우월한지 선전하려고 만든 헛소리입니다.

이런 주장이 틀렸다는 증거를 45만 가지 정도 댈 수 있지만, 일단 하나만 살펴보도록 하겠습니다. 좀 이상한 모양의 세계 지도를 먼저 보겠습니다.

이 지도는 세계식량계획(WFP)이라는 국제기구가 2006년 제작한 이른바 '세계 비만 지도'입니다. 나라별 한 사람당 소비하는 칼로리가 어느 정도인지를 계산해 그 수치를 근거로 그린 지도입니다. 실제보다 뚱뚱하게 보이는 나라는 국민들도 뚱뚱하다는 뜻이지요.

먹을 게 충분해서 머리가 나쁘다는 아프리카를 보세요. 크기가 미국보다 작습니다. 동남아시아 나

라들은 아예 잘 보이지도 않네요. 반면에 우리나라 옆에 있는 소시지처럼 생긴 뚱뚱한 섬ㅏ라는 경제 대국 일본입니다. 세계에서 제일 잘 산다는 북유럽 국가들은 부어 터진 핫도그 같습니다. 호주는 완전히 호빵이군요.

기후 관련설 대로라면 한 100년 후쯤 저 뚱뚱한 나라 사람들은 다 바보가 될 겁니다. 아마 인류 역사가 시작된 이후 이렇게 뚱뚱한 사람들이 많이 모여 사는 나라는 지금의 미국, 북유럽, 일본, 호주 뿐일 테니까요. 저렇게 먹을 게 많은데 머리 쓸 일이 있을까요?

국민이 열등해서 가난한 것이 아닙니다. 먹을 것이 많아서 국민이 열등한 것은 더더욱 아니지요.

왜 아프리카와 동남아시아 지역 나라들이 가난한지 경제학적으로 명확한 답은 아직 없습니다. 여러 가설들만 있을 뿐입니다. 이런 가설들을 '차가운 머리와 따뜻한 가슴'으로 살펴봐야 합니다. 그래야 올바른 것인지 아닌지 알 수 있지요. 이것이 바로 경제학을 공부하는 이유이기도 합니다.

버는 인구가 20억 명이 넘습니다. 미국 사람들이 음식을 덜 먹고 아프리카 사람들이 더 먹으면, 미국 사람들은 건강해서 좋고 아프리카 어린이들은 굶지 않아서 좋습니다. 이렇게 되어야 비로소 효율적이라고 부를 수 있는 것입니다.

남아도는 식량은 누가 다 먹나?

앞부분에서도 한 번 언급한 적이 있지만,(23쪽에 나옵니다.) 미국의 패스트푸드점이나 편의점에서 파는 음식들은 하루만 지나도 신선도가 떨어진다는 이유로 쓰레기통에 버려집니다. 아프리카 어린이를 위해 그 음식을 보내 주면 좋으련만, 보내는 데 드는 비용이 쓰레기통에 버릴 때 드는 비용보다 훨씬 높기 때문에 버리는 쪽을 택합니다.

왜 이런 문제가 발생할까요? 바로 자본주의 체제에 있는 기업의 특성 때문입니다.

기업은 돈을 벌기 위해 생겨났습니다. 오로지 돈만 바라봅니다. 18세기 산업 혁명 시대 사장님들, 하루 14시간씩 노동자들에게 일을 시키면서 일당을 500원만 준 것은 성격이 포악해서가 아닙니다. 무슨 수를 써서라도 돈을 많이 벌어야 하고, 돈을 벌기 위해서는 비용을 줄여야 하기 때문입니다. 그래서 돈 앞에는 피도 눈물도 없다고들 합니다.

바로 이런 기업의 특성 때문에 자본주의 체제에는 심각한 비효율이 존

재합니다. 지금 세계적으로 식량이 부족할까요? 그렇지 않습니다. 통계에 따르면 현재 지구는 약 130억 명 정도를 먹여 살릴 식량 생산 능력이 있습니다. 그런데 정작 현재 세계에서 키우는 곡물의 25%를 사람이 아닌 소가 먹습니다. 소한테 사료를 먹이면 돈이 되지만, 안타깝게도 굶주린 어린이들에게 먹을 것을 주는 것은 돈벌이가 되지 않으니까요.

세계 곳곳에서 남아도는 식량을 소에게 먹일 것이냐, 사람에게 줄 것이냐는 누가 결정할까요? 지금 그 결정을 하는 것은 기업입니다. 옥수수가 풍년이라고 합시다. 세계적인 햄버거 기업 맥도날드가 옥수수를 소에게 먹인 뒤 그 소고기로 햄버거를 만들겠습니까, 아니면 옥수수를 아프리카 빈민들에게 무료로 나눠 주겠습니까?

자본주의 체제를 비효율적으로 만드는 기업의 사례를 몇 가지 들어 보겠습니다.

가끔 사람들이 "아프리카나 동남아시아 사람들은 바나나만 먹어도 배부른 거 아니야?"라는 말을 합니다. 바나나가 길거리에 주렁주렁 매달렸다는 나라에서 왜 굶어 죽는지 이해하기 힘들다는 뜻입니다.

몇 년 전 필리핀에 다녀온 적이 있습니다. 정말 끝없이 펼쳐진 농장에 파인애플과 바나나가 수도 없이 자라고 있었습니다. 잠깐 차에서 내렸더니 농촌 아주머니들이 과일을 잘라서 팔고 있더군요. 몇 백 원 주고 시원한 파인애플을 먹고 있으니 안내하시는 분이 이렇게 말합니다.

"농장에서 파는 과일 사 먹는 거, 사실 불법입니다."

왜 불법일까요? 우리나라에서도 시골길을 가다 보면 농장이나 과수원 주변에서 사과니 복숭아니 많이 팔잖아요?

필리핀에서 불법인 이유는 간단합니다. 과일이 농장에서 생산되는 건 맞는데, 과일 파는 아주머니들이 농장 주인이 아니라는 겁니다. 그러면 농

필리핀에 있는 Dole 농장에서 직원이 파인애플 고르는 작업을 하고 있습니다. 뒤에 풀밭처럼 보이는 곳이 전부 파인애플 밭이랍니다.

장은 누구 것일까요?

바로 세계적인 과일 유통회사 DOLE과 델몬트가 소유하고 있습니다. 이들 거대 유통 기업들은 필리핀 바나나 농장의 상당수를 이미 오래전부터 헐값에 사들였습니다. 그리고 농장에서 나는 엄청난 양의 고품질 바나나를 다른 나라에 파는 것이지요. 열대 지방에 바나나가 그렇게 많이 나도 그 나라 국민들이 굶는 이유가 여기에 있습니다.

또 다른 예를 하나 들어 보겠습니다. 칠레에서는 어린이들의 영양 결핍이 오랫동안 큰 문제였습니다. 1970년에 칠레의 대통령으로 선출된 살바도르 아옌데는 소아과 의사 출신이었습니다. 어린이들의 영양 결핍 문제를 누구보다도 잘 알고 있었지요.

아옌데 대통령은 당선되자마자 "15세 이하의 칠레 국민에게 매일 하루 0.5리디의 분유와 우유를 무료로 제공하겠다."고 선언했습니다. 정부에서 우유를 산 뒤 이를 무료로 어린이들에게 나눠 주겠다는 것입니다. 이 방법이야말로 영양 결핍으로 죽어 가던 칠레 어린이들을 살릴 유일한 방법이라고 생각했던 것이지요.

그런데 이 정책에 가장 심하게 반대했던 곳이 어디일까요? 바로 세계적인 분유 회사 네슬레였습니다. 네슬레는 당시 중남미 지역 분유 유통을 완전히 장악하고 있었습니다. 이런 상황에서 분유를 국민에게 무료로 나눠 준다? 분유를 팔아서 장사하는 네슬레가 마냥 좋게 볼 리 없지요. 결국 아옌데 대통령의 우유 무료 배급 정책은 좌절됩니다.

더 큰 문제는 위에서 언급된 기업들이 열심히 장사만 하고 있는 게 아니라는 점입니다. 이른바 다국적 기업으로 불리는 세계적 거대 기업들은 벌어들인 엄청난 돈으로 힘 있는 정치인들, 그러니까 미국 같은 나라의 유력 정치인들을 구워삶습니다.

돈이 필요한 유력 정치인들에게 후원금도 내고 선거도 돕습니다. 정치인들은 이들 거대 기업에게 신세진 것이 있기 때문에 절대로 이들의 요구를 무시하지 못합니다.

실제 우유 무료 급식 정책을 들고 나왔던 칠레의 아옌데 대통령은 미국과 유럽의 정치인들로부터 엄청난 견제를 받았습니다. 결국 아옌데 대통령은 칠레의 군인들이 일으킨 반란에 의해 살해당합니다. 이때 반란군의 수장이 아우구스토 피노체트라는 사람입니다. 피노체트가 일으킨 반란이 성공할 수 있도록 가장 많이 도와준 나라가 바로 미국이었답니다.

다 함께 나눠 먹으면 안 될까요?

원칙적으로 시장 경제에서는 정부가 개입하지 않는다고 했지요. 하지만 이런 순수 시장 경제는 곳곳에서 문제점이 드러났고, 지금 세계 어느 나라도 100% 순수한 시장 경제를 유지하고 있지 않습니다.

그러면 세계 전체로 확장해서 살펴봅시다. 세계 경제는 어떨까요? 최근 세계 경제의 가장 큰 이슈는 **신자유주의**입니다. 아주 간단하게 정리하면 신자유주의는 세계 경제 전체를 하나로 보고, 여기에 완전한 시장 경제를 도입하자는 주장입니다.

완전 시장 경제란 정부가 개입하지 않는 것입니다. 각 나라가 무역을 할 때 정부는 절대 개입하지 말자, 모든 것을 시장 원리대로 돌아가게 놔두자는 것이 핵심이지요.

우리가 자주 사용하는 **세계화**라는 말도 '세계로 뻗어 나가자', '세계는 하나'와 같이 단순한 뜻이 아닙니다. 여기에는 '세계 경제는 하나이니 전 세계를 하나의 시장 경제 체제로 보자.'는 의미가 숨어 있습니다.

FTA라는 것을 들어 봤을 겁니다. 이 FTA를 풀어쓰면 Free Trade Agreement가 됩니다. **자유 무역 협정**이라는 뜻입니다. FTA는 무역을 할 때 서로 어떤 규제도 하지 말자는 약속입니다. 따라서 두 나라가 FTA를 체결하면 다른 나라 기업의 상품도 자국 기업의 상품과 똑같이 대해야 합니다. 정부는 무역에 절대 개입할 수 없게 되지요. FTA의 근본 정신이 바로 신자유주의입니다.

대부분 나라들이 자국 경제를 운영할 때에는 시장 경제와 계획 경제를 적절히 섞어 사용합니다. 그런데 왜 유독 세계 경제 전체를 다룰 때에는 완전한 시장 경제 체제로 가야 한다고 주장하는 것일까요?

이유는 간단합니다. 산업 혁명 시절 초기 자본주의에서 극명하게 드러났듯이, 정부가 개입하지 않으면 늘 사장님이 노동자보다 유리하게 되어 있습니다. 세계 경제도 마찬가지입니다. 서로 물건을 사고 팔 때 누군가 개입해서 조정하지 않으면 선진국이 후진국에 비해 월등하게 유리할 수밖에 없습니다.

그렇다면 신자유주의는 누가 주장하고 있는 것일까요? 짐작대로 선진국들입니다. 선진국은 막강한 자본과 우수한 기술을 갖고 있습니다. 따라서 '규제가 없는 자유 무역'이 이들에게는 훨씬 유리합니다.

그럼 우리나라는 어떨까요? 지금도 국내에서는 신자유주의를 찬성하느냐 반대하느냐에 대해 많은 논쟁이 있습니다.

여기서 짚고 넘어가야 할 것은 현재 우리나라 경제력이 '신자유주의에 동참할 것이냐, 하지 않을 것이냐?'가 논쟁이 될 정도로 성장했다는 점입니다. 우리나라가 후진국이었다면 자유 무역은 분명 우리에게 불리했을 겁니다. 그런데 지금 우리나라는 상당한 선진국 대열에 올라 있습니다. 또 세계 경제에 차지하는 비중도 많이 높아졌지요.

따라서 그만큼 책임감 있는 결정이 필요한 때입니다. 무엇이 정답인지는 앞으로 많은 논쟁을 거쳐야 나올 수 있을 것입니다. 어쩌면 오랫동안 정답을 찾지 못할 수도 있겠지요.

자, 다시 식량 문제로 돌아가 보겠습니다. 분명한 것은 자유 무역을 지지하든 반대하든, 식량 문제만큼은 100% 시장 경제에 맡겨 둘 수 없다는 점입니다.

미국이나 유럽 선진국 가운데 국민들에 대해 복지 정책을 펼치지 않는 나라가 있나요? 빈민층에게 최소한의 음식을 제공하려 하지 않는 나라가 있을까요? 거의 없다고 보면 됩니다. 선진국일수록 기본적인 생존에 대한 복지 정책이 잘되어 있습니다.

정부가 복지 정책을 펼치기 위해서는 경제에 개입해야 합니다. 세금을 걷고 그 세금으로 가난한 사람을 도와야 하니까요. 이런 최소한의 복지 정책을 두고 시장 경제를 훼손했다며 욕하는 사람은 거의 없습니다. 오히려 이런 것들은 잘하는 행동으로 칭찬받아 마땅합니다. 이렇게 하지 않으면 사회적으로 절대 약자인 극빈층은 시장 경제 체제 아래 굶어 죽을 수밖에 없으니까요.

그러면 세계 경제로 눈을 돌려 봅시다. 선진국들은 자국 내에서는 기본적인 복지 정책을 정부 주도 아래 실시합니다. 그런데 막상 가난한 나라와 무역을 할 때는 무조건 자유 무역을 하자고 주장하지요.

식량도 예외가 아닙니다. 자유 무역의 정신은 곡식 사 먹을 돈이 없으면 굶어 죽어라는 것입니다. 하지만 가난한 나라의 굶어 죽는 빈민을 위해 최소한의 복지를 챙겨 줄 정부는 지구상 어디에도 없습니다.

더 심각한 것은 식량의 생산조차 기업 이익을 위해 조절되고 있다는 점입니다. 지금 지구는 약 130억 명이 먹을 만한 식량을 생산할 능력이 있습니다. 지구의 인구는 70억 명에 불과합니다. 수요와 공급 원칙에 따르면 식량 가격은 지금보다 한참 떨어져야 하지만 현실은 그렇지 않습니다.

세계에서 곡물을 얼마나 생산할지는 대부분 곡물 시장을 꽉 잡고 있는 거대 다국적 기업들이 결정합니다. 세계에는 5대 곡물 메이저 회사가 있습니다. 이들이 거래하는 곡물이 세계 곡물 거래량의 80%를 넘지요.

2008년 이른바 세계 곡물 파동이라는 것이 있었습니다. 식량 가격이 마구 치솟았지요. 이 때문에 수많은 빈민들이 굶주림으로 허덕였습니다. 그런데 이때 5대 메이저 곡물 회사들의 이익은 40% 이상 높아졌습니다. 곡물 가격이 올라 벌어들이는 돈이 훨씬 많아진 것입니다.

하지만 식량을 이렇게 이용해서는 안 됩니다. 선진국 모든 나라가 극빈층 복지에 신경 쓰는 것처럼, 적어도 식량만큼은 자유 무역과 시장 경제, 기업의 이익에만 전적으로 맡겨 둘 수 없는 것이지요.

지구촌 한쪽에서는 살을 많이 빼면 25만 달러를 상금으로 주고, 반대쪽에서는 하루 250원이 없어 영양실조에 걸리는 곳이 현재 우리가 살고 있는 지구입니다. 이것을 **경제적 효율**이라고 부를 수는 없습니다. 지금이 바로 경제를 배우는 많은 이들의 지혜와 슬기가 필요한 때입니다.

시골 동네 오마하의
할아버지

옛날 옛적에 세계에서 주식 투자를 제일 잘하는 할아버지가 살았습니다. 많은 사람들이 할아버지에게 물었습니다.

"할아버지, 도대체 어떻게 하면 주식 투자로 돈을 벌 수 있을까요? 비법을 좀 알려 주시죠."

"그래, 내가 비법을 알려 주마. 받아 적어라."

"네, 네, 황공합니다."

"우선 주식 투자로 돈을 벌려면 두 가지 원칙만 잘 지키면 된다."

"오! 그게 뭡니까?"

"원칙, 넘버 원! 절대로 돈을 잃지 않는다."

"엥?(너무 당연한 말이잖아?)"

"원칙 넘버 투! 원칙 넘버 원을 항상 지킨다."

"……"

지어낸 이야기가 아닙니다. 이 할아버지는 '옛날 옛적'이 아니라 지금도 살아 있는 사람이고, 우스워 보이는 원칙 두 가지도 이 할아버지가 직접 만든 것입니다.

할아버지의 이름은 워런 버핏입니다. 주식 투자만으로 세계 부자 순위 1, 2위를 다투며, 빌 게이츠와 함께 세상에서 제일 돈 많은 사람으로 불립니다.

2011년 우리나라를 방문한 워런 버핏이 한복을 입고 기자 회견을 하는 모습입니다.

재산이 40조 원이 넘는 버핏의 투자 방법은 지극히 간단합니다. 모험을 하지 않는다는 것입니다. 그의 말대로 주식 투사에서 제1원칙은 많이 버는 것이 아니라 잃지 않는 것입니다. 제2원칙마저도 '제1원칙을 항상 지킨다.'라고 하니 그가 얼마나 안전한 투자를 지향하는지 잘 알 수 있습니다.

그런데 더 흥미로운 것은 버핏의 생활 태도입니다. 돈을 그렇게 쌓아 두고 있으면서도 뉴욕 같은 도시의 으리으리한 저택이 아니라, 오마하라는 시골 동네에서 살고 있습니다.

버핏은 아침에 일어나면 신문 가판대까지 걸어가 손수 신문을 삽니다. 가장 즐겨 먹는 음식은 5,000원짜리 햄버거입니다. 입고 다니는 옷도 꼬질꼬질하고 모든 물건을 아껴 씁니다. "도대체 왜 이런 작은 집에서 사십니까?"라고 기자들이 물으면 "여기 살아도 불편한 게 없어."라고 대답한답니다.

이렇게 검소한 버핏은 자신의 죽은 뒤 재산의 대부분을 사회에 기부할 것을 약속했습니다. 아마도 기부 액수가 30조 원을 훌쩍 넘어설 것으로 보입니다.

마음까지도 부자인 버핏, 대저택에서 수억 원짜리 차를 타고 다니는 부자들보다 오마하 시골 동네에서 햄버거를 사 먹는 그가 진정한 부자가 아닐까 생각을 해 봅니다.

용어 사전

… 다국적 기업

다국적 기업은 한자로는 多國籍企業, 영어로는 Multinational Corporation입니다. 글자 그대로 풀이하면 기업의 국적이 여러 개라는 뜻입니다. 일반적으로 기업이 뿌리를 내린 나라가 기업의 국적이 되지만, 다국적 기업은 국적이 여러 나라인 것이지요.

예를 들어 국적이 대한민국인데 중국에 지사를 두고 있다. 이런 경우는 다국적 기업이 아닙니다. 지사가 아니라 중국 현지 국적을 취득해야 다국적 기업이 되는 겁니다.

제2차 세계 대전 이후 강대국으로 부상한 미국의 기업들이 속속 유럽으로 진출하면서 유럽 국적을 얻은 뒤 활발한 활동을 하며 유럽 경제에 침투했지요.

이를 본 유럽 인들이 반발합니다. 이때 사용한 용어가 다국적 기업입니다. "미국이 거대 다국적 기업을 통해 세계를 지배하려 한다."는 것이 유럽 사람들의 주장이었습니다. 다국적 기업이라는 말이 애초에 부정적인 용어로 만들어진 것이지요. 하지만 이후 유럽 기업들도 미국과 같은 다국적 기업으로 발전했고, 세계 여러 나라 경제 속에 깊이 침투하게 됩니다.

사실 기업 국적이 여러 개라는 사실은 아무런 문제가 되지 않습니다. 문제는 이들이 대부분 세계적인 거대 기업이고, 이익을 위해서는 중소 국가의 민주화나 복지 같은 문제를 거들떠보지 않는다는 데 있습니다. 어쩌다 작은 나라들이 다국적 기업의 횡포에 맞서 규제 정책을 내놓으려 하면, 이들 거대 다국적 기업들은 힘 센 본국 정부를 앞세워 정치적으로 압박을 하기도 합니다.

기업의 자유로운 경제 활동은 보장되어야 합니다. 하지만 그 이전에 다국적 기업들도 중소 국가들과 조화를 이루려는 적극적인 모습을 보여야 한다는 목소리가 높습니다.

세계화

세계화는 영어로 Globalization입니다. 이 말은 1983년 미국 하버드 대학의 테오도르 레빗 교수가 처음 사용했습니다. 레빗 교수는 "정보 기술과 교통이 발달하면서 국경은 의미가 없어질 것이다."라고 주장했습니다. 세계는 사실상 하나의 나라처럼 통합될 것이고, 경제 분야에서도 자연스럽게 국경 없는 자유 무역의 시대가 올 거라고 본 것이지요.

이 예측은 이후 30년 동안 정치, 사회, 경제, 문화 모든 영역에서 세계를 지배하게 됩니다. 세계화 개념을 기초로 해서, 선진국들이 주축이 된 세계무역기구(WTO)는 자동차 같은 공산품은 물론 농산물, 교육, 서비스 시장까지 전 세계가 다 개방해야 한다고 주장하고 있습니다. 각 나라들이 추진하고 있는 FTA도 세계화의 대표적인 실례이지요.

현재 여러 나라 학계에서는 세계화에 대한 논의가 한창 진행 중입니다. 세계화가 궁극적으로 세계 경제를 발전시킬 것이라는 긍정론과 결국 강자인 미국 등 선진국만 이득을 볼 것이라는 반대론이 팽팽히 맞서고 있습니다.

경제 교과서,
세상에 딴지 걸다

첫판 1쇄 펴낸날 2012년 7월 20일
15쇄 펴낸날 2023년 7월 31일

지은이 이완배 **그린이** 풀무지
발행인 김혜경 **편집인** 김수진
주니어 본부장 박창희
편집 강정윤 조승현
디자인 전윤정 김혜은
마케팅 최창호 임선주
경영지원국 안정숙
회계 임옥희 양여진 김주연

펴낸곳 (주)도서출판 푸른숲
출판등록 2003년 12월 17일 제2003-000032호
주소 경기도 파주시 심학산로 10, 우편번호 10881
전화 031) 955-9010 **팩스** 031) 955-9009
홈페이지 www.prunsoop.co.kr **인스타그램** @psoopjr
이메일 psoopjr@prunsoop.co.kr

ⓒ이완배, 2012
ISBN 978-89-7184-946-0 44080
      978-89-7184-390-1 (세트)